生活的经济解释

经济学的诗和远方

熊秉元 著

人民东方出版传媒
东方出版社

生活比经济学更广阔

在中文经济学界，能够用一支生花妙笔，把经济学写得摇曳生姿的学者并不多。台湾和香港的学者曾经开风气之先。张五常教授的书在内地一时洛阳纸贵。熊秉元教授也拥有大量的读者。文如其人。读张五常教授的书，不难感受到他的狂狷，在狂狷中透出一种率性和灵慧。读熊秉元教授的书，仿佛是遇到一位温和的老友，香茶一杯，清风入怀，听他絮絮道来，讲到妙处，宾主会心一笑，不觉碧山已暮。

熊秉元先生写的文章算是经济学随笔。在学术圈子里，不知何故，写得生动，写得流畅，反而会被同行轻视。加尔布雷思可谓经济学家里文笔一流的，他著作等身，影响了几代知识分子，但在经济学界，如果你夸奖一位学者写得像加尔布雷思，他可能会很不高兴，以为你在挖苦他。哈耶克是享誉全球的思想家，但当他申请到芝加哥大学经济系任教的时候，却被无情地拒之门外。很多经济系教授对他的研究不以为然。他们说，哈耶克的《通往奴役之路》那么畅销，他做的研究一定不够严肃。熊秉元教授身在大学，也不得不有所忌惮。尽管他酷爱写作，但在早年给报纸的副刊写随笔的时候，用的是笔名，叫"尹明"，也就是"隐名"的意思。

现在，熊秉元教授终于不需要再"隐名"了。天下谁人不识君。他的一系列经济学随笔，激发了众多普通读者对经济学的热爱。这本《生活的经济解释：经济学的诗和远方》，秉承了他一贯的风格，从经济、社会、政治、法律，谈他在生活中感受到的点滴小事，讲他读到的有意思的书，一路娓娓动听，把我们不知不觉地带入了经济学的世界。

熊秉元教授讲到了康奈尔大学罗伯特·弗兰克的畅销书《牛奶可乐经济学》（原书名：*The Economic Naturalist: In Search of Explanations for Everyday Enigmas*，这里用的是大陆中译本的译名）。弗兰克教授在这本书中让学生们去观察身边发生的事情，寻找那些看起来令人费解的怪事，然后尝试着从经济学的角度给出解答。比如，在超市里，为什么牛奶是用方形的盒子装，而可乐却是用圆形的瓶子装。比如，为什么高速公路边上取款机的键盘上会有触摸式盲文。熊秉元教授的很多思考，也是从生活中的观察和思考而来的。在路边小店里吃一碗牛肉面，他会思考，为什么这碗牛肉面没有以前吃起来那么香了。听一位女生讲，在校门口遇见乞丐会慷慨解囊，但遇到卖口香糖的残疾人却会犹豫要不要给钱，这又让熊秉元教授陷入了沉思。

处处留心皆学问。熊秉元教授善于观察，善于发现细节，才能思路泉涌、佳构不断。他还谈到一位有心的商人，在台湾做餐饮的陈登寿先生。陈先生学历不高，高中毕业之后就出去打工。有一次，他去看电影，发现观众人手一个冰淇淋，于是，他也在一个小角落里摆了个摊，卖冰淇淋。仔细观察之后，陈先生发现，用五号冰淇淋勺，一升可以挖出两百球左右，而用小一号的勺子，却可以挖出四百多球，从外观来看，一般人是看不出这两种冰淇淋球的大小的。于是，他对比其他商家的一球八元，推出了"两球十块钱"，一下子大受欢迎。

一般的经济学随笔，大多是熊秉元教授所说的"名词解释"，即用现实的案例来说明经济学的原理。这种风格的文章初看觉得新鲜，看多了未免生厌。经济学看似什么都能解释，要不要结婚生孩子可以用经济学解释，要不要上大学也可以用经济学解释，什么是公平，什么是正义，似乎都能用经济学解释。经济学哪里有那么大的魔力。虽说经济学已经发展得相当纯熟，但远非能够解释世间万象的"社会科学"，生活要比经济学广阔得多。如果经济学不虚心向其他学科学习，只怕会陷入一种狭隘而自负的"经济学帝国主义"。

熊秉元教授是师从布坎南的公共选择理论的。布坎南教授主要研究财政，但他会从制度、法律甚至哲学的角度，把财政的内在逻辑一层层揭开。熊秉元教授在本书中并未局限于经济学，他谈到了政治选举、法院判案、公共政策，也关注着台海关系。在很多时候，他会老老实实地告诉读者，经济学无法提供解决问题的答案。比如，他讲到，一位台湾的出租车司机拉乘客的时候就问："你讲国语还是闽南语？"讲国语的客人他就不拉，讲闽南语的才拉。这种情绪如何用经济学解释，如何用经济学化解？熊秉元教授在书中举的很多例子，都不断地提醒我们，经济学确实是一种强大的思维工具，但正如锤子不能用来砍树一样，仅仅有经济学这一种分析工具，我们是无法理解纷繁复杂的社会现象的。

熊秉元教授非常推崇法律经济学代表人物波斯纳教授。他写道，波斯纳教授的写作风格是"锯齿式"的：对一个议题，波斯纳往往先提出一个观点，然后旁征博引，讲得你不得不信。当你快要深信不疑的时候，波斯纳会突然笔锋一转，又告诉你"也不尽然"，于是，他又站在对立的一面，一样振振有词，滴水不漏。再一转眼，他又指出全然不同的另一种方向，再推演一番。

这才是好的经济学科普文章。糟糕的经济学科普文章会许诺你，只要了解了经济学，一切社会问题都迎刃而解，好的经济学科普文章会告诉你，一切事物都有多个观察角度，"横看成岭侧成峰"。经济学是观察和思考，是提问和反问，是左右互搏，是头脑体操，但绝对不是教条的宣扬。古希腊哲学家皮浪告诉我们，在作出任何决定之前，都要先"悬置判断"。跟随熊秉元教授学习经济学的读者会发现：经济学教给我们的是谦卑而不是狂妄，教给我们的是开放而不是固执。

北京大学汇丰商学院教授　何帆

第二部 读社会

第三部　谈政治

第四部　说法律

顺势而为，自得其乐

我的专业，是经济学。但是，曾经在台湾重要的文学刊物《联合文学》和《印刻生活文学志》写专栏，短文也曾被收录为台湾高职语文课本的课文。因此，勉强也算是半个文艺工作者。

自己想想写非学术性文章的历程，回忆并不甜美，可是还算有趣。当我读完博士，拿到学位回母校开始教书时，经常教两门课：一门是大学部的财政学，一门是研究生院的专业科目。财政学的教科书，一直用诺贝尔奖得主詹姆斯·布坎南（James Buchanan）的著作。书写得很好，但毕竟理论多，而且是以西方的文化为背景。为了提高学生的兴趣，并且让理论和生活经验结合，我想到一个主意。由主要报纸的社论里，不时找出几篇和财政学有关的，然后把文章发给学生当讲义，上课再作讨论。

既然是讨论，我当然自己先看过、想过，到时候再自以为是地对社论臧否一二。学生的反应还好，讨论总是很热烈。

没想到，时光似箭，岁月如梭，学生们很快毕业，有几位进报社当财经记者。他们想起昔日课堂上的光景，想到论述似乎有据的老师，就开始向我约稿，请我写时事评论。写了几篇之后，我隐约觉得，时论紧盯时事，很快就是过眼烟云。既然要花时间，为什么不写些层次较高、阐扬理念的文章？三五年之后再看，还会有意义。

现在回想起来，那是我少数事后不后悔的决定之一。打定主意之后，我就陆陆续续地写，然后以笔名投稿到报纸的副刊。用笔名而不用本名，现在理直气壮的说辞是：不依恃大学教授的身份，以文章本身的趣味和生花妙笔，与其他作者公平竞争！其实，真正的原因，是当时还没有升等，我怕名字常常见报，得罪了当道的大佬，会影响升等。我用的笔名是"尹明"，最直截了当的解释就是"隐名"。

在笔耕的最初几年，有件事值得一提。台北的《中国时报》每年举办文学奖征文，我自觉文章多少能"文以载道"，所以经过一番构思，写成"生活组曲"，参加散文组的竞争。这篇散文是由四篇短文组成，我以起承转合的方式，利用一连串的故事，探讨经济学的本质。我敝帚自珍地以为，得个前三名似乎合情合理。

根据报上登载的评审记录，当年散文组有近两百篇文章参赛。经过初选，共有十篇文章进入决选，我的文章是其中之一。然后，评审委员（都是文艺界人士）第一次投票，选出前五名。

其他的文章，得票数多少不等，可是，呕心沥血的拙作，得了 0 票。显然，我的文章多少有学院派的痕迹，得不到文学界朋友的青睐。

我笔下的散文，由最初的每篇千字上下，慢慢变为 1200 字左右。然后，随着品牌渐渐形成，自由度也稍微增加。现在，每篇散文，大概是 1600 字到 1800 字。字数稍多，有铺陈论述的空间。除了字数增加之外，我觉得最主要的变化，是文章的性质也有增益。刚开始下笔时，紧守经济学的门户——利用生活里的大小事件，阐明经济学的概念。简单地说，这是"解释名词"的阶段。

然后，我开始伸出触角，把经济学的思维和分析，扩充到政治、社会、法律等领域里。甚至，连宗教死生等大哉问，都成了笔下处理的题材。不过，虽然有人质疑，但我知道这么做在学理上站得住脚。从 1960 年起，经济学者大举进入法律、社会、政治等领域，而且成果辉煌，也都得到诺贝尔奖的肯定。因此，理论上有后盾，心理上有靠山，何惧之有？这个阶段，可以说是"一招一式闯江湖、一以贯之"的阶段。

再进一步，是由散文的构思和书写里，我发现有时候可以提升到学术的层次。散文，不再只是解释名词或展现武功，而是雕塑名词和提炼功力的预备动作。先是有一篇小散文，然后再发展成学术论文，最后是把学术论文发表在国际性的学术刊物上。我印象最深的例子，是关于"专款专用"的曲折。专款专用，是财政里的专有名词，顾名思义，指的是特定的预算不能转为他用。传统的见解，都认为统筹统支比较好，专款专用食古不化。

布坎南慧眼独具，大唱反调。由 1963 年开始，他和伙伴杰弗里·布伦南（Geoffrey Brennan）写了一系列的论文，论证专款专用也有可取之处。他们的论点，主要是着眼于吞鲸式的政府：为了对抗民主社会里大而无当的政府，民众最好自求多福。借着专款专用，民众总能得到一些服务。譬如，高速公路通行费，一定要用来维修和兴建高速公路，政府为了能得到通行费，只好提供高速公路。

在一篇散文里，我提到情绪管理的问题：工作上受了委屈，最好不要影响到家庭。就像潜水艇防水舱的作用一样，一个舱漏水，不至于影响整艘潜艇的安危。因此，专款专用的做法，除了布坎南和布伦南"兴利"的考虑之外，"防弊"的考虑也非常重要。如果采取统筹统支，一个项目出了问题（如台湾的全民健保），反而可能会伤害到整个预算。

我把这个观点写成论文，经过辗转投稿，后来登在一份还算不错的学术刊物上。没想到，有一次和布伦南联系时——他是学术期刊《经济学和哲学》（*Economics and Philosophy*）的主编——他主动告诉我，曾经审过我的论文，而且觉得确实有新意。

我知道，我还会继续写经济散文；我也知道，还有许多经济学者，也会继续为经济散文付出心力。在西方的某些大学里，设有所谓"写作讲座教授（Writing Chair）"，表彰和肯定对自然科学或社会科学普及化的贡献。在中文世界里，希望我们的成果，最终会促成类似讲座的出现。

我也希望，一旦设置了写作讲座，经济学者将是最先受到肯定的耕耘者之一。

第一部　看经济

金钱的诱导

老子的《道德经》里有一段话是："智慧出，有大伪。"这句话的大意是人的心思非常机灵巧绝，一旦受到刺激或引诱，往往会衍生出和原来恰恰相反的举止。

不过，老子的这一段话可一点儿也没有铜臭味。不像现在……

为了应付日益增加的未婚少女怀孕生产的问题，美国科罗拉多州一个小镇里的妇幼医院推出一种措施：只要这些未成年的少女参加每周一次的聚会，或者保证过去一周里没有怀孕，而且如果有性行为的话也采取了避孕措施，那么，她们每个星期可以得七块钱的现金——当一天的乖女孩得一块钱的奖金！

对于这种做法，其他人当然觉得不以为然！如果这个趋势继续下去——一切都必须以金钱作为诱因——道德、规范、品性、人格，不都迟早会向金钱低头吗？人的尊严何在？可是，比较了解内情的人指出这种以金钱为诱因（诱饵）的曲折所在：在美国的某些大城市和市郊，暴力和毒品已经泛滥得使青少年失去了对未来的憧憬和期望。对有些女孩子而言，怀孕生子、成为一个母亲就变成了她们找回一点自尊的唯一方式。所以，为了遏止这种恶化的趋势，只好采取一些明快有效的做法。用金钱来影响行为就是最直接的方式，即使谁也不敢预测长远的影响将会是如何。

不过，不论短期和长期的影响如何，这种以金钱来诱导行为的做法到底意义何在？

就观念上来说，以金钱作为诱因来诱发"好的行为"并没有什么不对。市场里的千千万万种商品，就是由金钱这种利润动机所诱发而呈现出来的。那些日新月异、极尽机巧奥妙之能事的各种电子用品和"个性化商品"，也无不是厂商为了讨消费者的欢心而做的取悦逢迎。因为有利润动机，更新、更好的产品才会源源而出。事实上，以金钱可以诱发出"好的价值"。

当然，市场机能的特性之一，本来就是在于能通过交易和竞争而筛选出好的产品。可是，人和人的交往不全然是单纯的一手交钱、一手交货。而且，一个人对行为上的取舍，也多半是基于道德教化上的自我约束，而不是基于金钱上的考虑。

可是，这事实上也正反映了以金钱来影响和诱导行为所值得思索的一点：在过去的农业社会里，人所能生产创造出来的资源非常有限，因此，在分配和运用这些资源时，往往不是借着市场机能而是诉诸伦常关系。伦常关系的维系就隐含着一种道德观念的培养和教条规范的内化。人在决定自己的行为时，会很自然地反求诸己而在道德规范上取舍。

当市场机能的发达和经济的发展创造出更多的资源时，人可以，而且会自然而然地利用充沛的物质条件。过去是"养不教，父之过"，现在则是由学校教育和社会教育发挥了相当大的作用；过去的贤妻良母是在家里洗手做羹汤，现在的时代女性可能更愿意事业和家庭兼顾。所以，在物质条件愈来愈丰沛的环境里，以道德规范来影响和调节行为的重要性逐渐降低。代之而起的，是以其他的指标（包括金钱上的考虑）作为取舍行为的参考。这是一种趋势，值得注意，但不一定值得嗟叹。

老子的"智慧出，有大伪"其实只讲了一半，"大伪"出现之后的下一个阶段会如何，可能才是真正值得思索玩味的……

夏虫不可以语冰，小童何须学理财？

在很多课程和演讲的场合，我都会提出这个问题开场："夏虫不可以语冰"这个成语，到底有什么含意？稍稍琢磨，至少有三层含意。

首先，只在夏天活动的虫，没入过冬，当然不知道冰者是何物。其次，见识浅薄的人，无须辞费，否则就是对牛弹琴，甚至是自取其辱。最后，只在夏天过日子的虫，脑海里无须具备"冰"这个概念，因为用不着，何必浪费可贵的资源来贮存维护？那么，在 21 世纪，在台湾地区成长的小朋友，在中小学义务教育里，需要学理财（甚至经济学）的相关知识吗？对于这个问题，我有小小的意见！

某天，我应邀到台北市北投小学，与五六年级的小朋友谈经济学。我欣然就道的原因，是北投小学几位老师非常有创意，自己动手设计了一套教材，教资优班小朋友经济学。我钦佩他们的热诚，同时也很好奇，小学生遇见经济学会是如何？

我事先提供很多"经济散文"，请小朋友先看。当天两个多小时的课程，就讨论那些材料。小朋友们发言踊跃，而且有模有样；几位老师坐在教室后面，全程参与。结束后那几位老师告诉我的话，我到现在还记得："原来一直认为，经济学探讨的是商品劳务；现在才知道经济学隐含一种分析方法，可以探讨各种社会现象！"

因此，经济学所涵盖的范围，其实是一道非常宽广的光谱。最具体实际的，是探讨商品劳务、理财投资；而后，是研究货币银行、通膨失业等现象；更高的层次，是提炼出一套思维架构，可以用来分析各种社会现象。只要阐释得宜，不但有多识草木鸟兽的实质利益，还能享受抽象思考、智识上的趣味。

可是，人类已经存活以万年计，而经济学的出现不过两百多年。与道德教化相比，难道经济学更重要吗？对于这个问题，可以逆向思考：没有理财经济的智识，是否就不能生存了？

对于这个问题，远的不谈，就近取譬。目前的义务教育里，从小学到中学都有数学课。中学里教的三角函数、多项式等，其实和日常生活完全无关。小学里教的加减乘除、鸡兔同笼等，已经足以应付生活里的各种需求，而且绰绰有余。甚至，即使不会加减乘除，在现代社会里一样可以存活，只是稍稍麻烦一些。然而，没有人会反对数学课，也没有人会强调道德比数学重要。因为，数学除了智识本身之外，还隐含了一种规律性，并且和物理、化学相通，是面对和了解大自然的基础！

因此，教小朋友经济学有两个主要原因：第一，农业社会里自给自足的日子，早已消失不见。现在社会里，各种经济活动，通过市场而影响到每一个人的生活。了解经济活动的基本特质，进可以追求福祉，退可以自保避祸。第二，经济分析就好比是数学，是社会科学的基础。了解经济学，像是掌握一把钥匙，可以开启许许多多智识的大门。

理财是经济学的一环，从小学起，几乎和从小就学加减乘除一样。

夏虫不可以语冰，表示在漫长的演化过程里，物竞天择之后，存活下来的夏虫们，"被雕塑"得脑袋里没有冰的概念了。夏虫们生来如此，毫无选择可言。相形之下，万物之灵的人，在21世纪初，要不要从小教学童经济知识，可是一个可以操之在我的选择！

行为准则与交易价格

早上有一个研究生来找我，他提到曾经把我写的一些"（经济学）散文"给其他科系的朋友看。朋友看过之后的反应是：内容很有趣，不过好像太重"实利"了一点。

我听了笑笑没作声。研究生走后，我看着眼前鱼缸里上下回游的鱼群，突然想到多年前的一件往事……

大三暑假，我和宿舍里同寝室的好友一起到另外一位室友的家去玩。他家在云林口湖，那是一个靠海、以农渔业为主、人口流失很明显的村落。住在传统农村四合院的砖房里，非常舒服。我们到的第二天傍晚，忽然听到不远处传来一阵急促的叫喊喧哗，再隔了一段时间，开始听到大声的号哭和哀鸣。室友出去探望，回来告诉我们：附近的一个小女孩掉到池塘里淹死了，现在哭喊的是小女孩的弟弟和妹妹。根据当地的习俗，他们要（会）终夜在池塘边呼喊他们的姐姐。那天深夜躺在床上，还听到断断续续传来的凄切的哀哭声。

当时只觉得早逝的小女孩很可怜，小女孩的弟弟和妹妹也很可怜，可是，却没有多想。现在偶尔回想起这件事，却有一些比较深刻的体会……

在一个稳定的农业社会里，物换星移、春去秋来，一切都井然有序。人与人之间的往还，也慢慢发展出一些大家奉行不渝的规矩习惯。无论是婚丧嫁娶还是生老病死的每一个环节，每一个人由小到大，都自然而然地看到和学到一套行为准则。大家"理所当然"地遵守这些行为规范，甚至认为是天经地义。而且，这些规范也都有言之成理的逻辑：弟弟和妹妹号哭一方面是表示手足之情，一方面是为父母责怪姐姐早逝不孝。"父母在不远游"是为了承欢膝下，避免父母操心远忧。

在这么一个"传统"的环境里，一个人不需要有太多的"自我"。一切现象都周而复始地重复，而一切行为也都有规矩习俗可以遵守。人，不是跟着感觉走，而是跟着传统习惯走！

相形之下，在现代工商业社会里，人所面对的情况可是大大的不同：虽然一个人还是可以依样画葫芦地笑脸迎人、烧香祈福，可是，在生活的各个面向、各个环节上，一个人所能依恃的"传统"事实上非常有限。人，在相当的程度上，不得不成为自己的主人，自己面对各种问题，自己处理各种问题：在"传统""习惯"里，没有"一个孩子是个宝，两个孩子恰恰好"的问题，也不处理"大学毕业要不要考研究生"的抉择，当然更不管"能不能转业换工作"的踌躇。

因此，当规矩习惯这些参考坐标不足以应付现代生活所需的时候，人只好以其他的参考坐标作为自己取舍行为的准则。道德上的斟酌、情理上的拿捏，都是人必须自己摸索取舍的。而且，通过各种大小市场所进行的"交易"，更成为生活里愈来愈重要的部分。市场里明确可循的"价格"，当然也就成为思索应对时几乎不可或缺的参考数据：换工作的得失是哪些？追求高学历的优缺点又有哪些？多生一个孩子的利弊又是多少？

在面对和处理这些问题时，道德、传统、规矩等的比重降低，利害权衡的比重上升。人可以，也应该就事论事地从"实利"的角度来思索这些问题。而且，抽象一点地看，规矩习惯和物质利害都隐含的是一种高下相对的"比较"，在本质上并没有什么差别。可是，人可以"遵循"规矩习惯，人却必须"自己取舍"利弊得失！

眼前的鱼群优游依然。庄生再世，大概还是不知道鱼到底快乐不快乐。不过，如果庄生再世，不知道他觉得现在的"人"和过去的"人"有什么差别？

为经济学教育谋

某年寒假没有出远门，不教书、杂事少，时间比较完整，刚好留在研究室里读书"练功"。我陆续看完三本书，都是法律经济学者理查德·波斯纳（Richard Posner）法官的论著。

第一本，是《法学理论前沿》（*Frontiers of Legal Theory*）。书里描述、探讨、评估法学理论近年来的发展，特别是和经济学、心理学等其他学科的互动。第二本，是《联邦法院的挑战和改革》（*The Federal Courts：Challenge and Reform*）。针对法院案件数大增，探讨可能的原因和因应之道。第三本，是《司法、务实主义和民主》（*Law, Pragmatism and Democracy*）。一方面论述民主和司法的相对关系，一方面大篇幅论证美国的民主政治。

波氏近年来的作品，有人认为不再像过去一样有开创性。还有，虽然还是上乘之作，但是"精品"的比例明显下降。英雄所见，本来就各说各话。不过，至少有一点，我认为他一路走来，始终如一。这是他个人的特色，至少目前来看，绝无仅有。

我是指他论述的方式。对于一个议题，他往往先大笔一挥，直指某一特质。然后，旁征博引，把这个特质发挥得淋漓尽致。读者心中暗暗叫好，佩服之心油然而生。冷不防，他笔锋一转，认为"也不尽然"，在完全相反的方向上，他又娓娓道来各种考虑，而且振振有词。再一转眼，他又指出另一种方向，又论证一番，推演之后，再转回头，又作引申。

这么来来回回，几度冲决网罗，性急的读者可能会有"刀笔之吏"之叹——天下道理，都被律师说尽，而且把玩于股掌之间。稍微有耐心的读者，在见识到波氏的才华之外，或许还察觉到他的企图：借着这种"锯齿式"（see-saw approach）的论述方式，他烘托出问题的各个面向，而且留下思索和论断的空间。一件事的意义，往往受到诸多因素的充填和拉扯，而通常不是一刀两断、黑白分明。

说来奇怪，波氏是著名的法律学者，也是出色的经济学者，由他的著作里，我曾得到许多法学和经济学的智慧。然而，这三本书里，我觉得对我影响最大的论点，是他对美国民主的阐释。

对于"民主"这个概念，波氏界定出两种论点："一式民主"（Concept 1 Democracy）和"二式民主"（Concept 2 Democracy）。一式民主，通常是哲学家、政治学者所信奉：

民主，是公民们通过沟通、讨论、说服、辩证、协商的过程，最后找到最好的公共政策和最好的领导者。二式民主，是务实主义者，也就是波氏本人的立场：民主，一旦成熟上轨道，会呈现冷热并存的现象。大多数的民众冷漠无知，关心自己的小狗远胜于关心教育政策。小部分的政客，热心、有旺盛的企图、有闲有钱、平均教育水平较高，他们投身于政治，纵横捭阖、发光发热，以明星般的身段语言，争取民众的选票。波氏的论证之一是：在家世、职业、教育、所得方面，美国国会议员之间相似的程度，要远大于他们和一般民众相似的程度。

一式民主，是直接的、慎重的、审议的、从容的、参与的、协商的，是以公民为主（deliberative democracy）；二式民主，是间接的、代议的、两极式的、务实的、就事论事的，是以政治精英为主（elite democracy）。波氏认为，一式民主，为哲学家和政治学者所向往，但是多半存在于典籍和想象里，只有在新英格兰的小城里，小国寡民，勉强运作。二式民主，粗俗喧嚣，但是美国地广人多，刚好像是量身定做。他认为，长远来看，二式民主比较稳定，比较可长可久。

波氏的见解，也许卑之无甚高论，本当如此。然而，对我个人来说，却触及了内心深处的某些情怀。

十余年来，我写了数以百计的文章，在报章杂志上宣扬经济思维。除了实际考虑（稿费、知名度、小小的虚荣心）

之外，心底深处多少有几丝未经深思、不敢言明的想象——希望能产生一些作用，影响读者的思维。因为经济分析强而有力，如果社会大众能"像经济学家般地思维"（thinking like an economist），那么决策质量将会提升，社会的福祉也将水涨船高。

这种藏在心底的情怀，讲明了，其实就是类似"一式民主"的思维——通过经济学者的传教，社会大众接受经济学的福音，可以从容仔细慎重地考虑，并且自求多福。这种想法，和倡议一式民主的哲学家和政治学者，即使不是同样地不切实际、无稽、好笑，大概也相去不远。我不愿说：我错了！但是，我意识到自己的想法里有些矛盾，值得检视、省思、调整。

不过，即使想法上有差池，我的做法其实并不离谱。波氏提到，二式民主之下，民众务实得很，会在乎明显、直接、具体的利益，而不会关心抽象、遥远、模糊的目标。同样的道理，至少在过去这十多年里，我所写的文章，是以读者为中心。我以日常生活经验为材料，以经济理论为思维，呈现一道道平实有趣（希望如此）的菜肴。我很少用专有名词或学术用语，我也尽量寓学理思维于寻常故事和柴米油盐之中。

因此，在观念上，我似乎犯了和一式民主论者同样的错误。稍可自遣的，是在行为上我守住了二式民主的底线。思想观念和实际作为之间，有一段落差，这是学者的通病，是缺点，不算是罪恶。何况，波氏所描述的，是美国的民主制度，已经上轨道，一般民众当然可以袖手旁观。在华人社会里，无论在政治、经济、法治方面，无论是中国香港、中国台湾还是大陆，都和先进社会有一段距离。因此，专业人士向社会大众传教，似乎是无可逃避的责任，也还有相当的挥洒空间。

然而，无论社会上轨道与否，人就是人，只会关心跟自己有切身利害的事。先进社会之所以成为稳定成熟的社会，往往是经过长期的波折起伏，然后才发展出适当的典章制度。一方面让政治精英挥洒表现，一方面让社会大众冷眼旁观，双方各得其所。因此，正在成长进步的社会里，更值得关注各自的利益，让各种利益竞争冲突之后，再摸索出和平共处之道。

因此，对我而言，这个思维过程的启示是：以后写文章时，可以放松心情，无须再有"文以载道"的期许，最好抱持自娱娱人的情怀。如果真的希望读者具有经济思维，就直接诉诸特定读者的切身利害——写本家庭主妇看的经济学，或中学生看的经济学，或地铁族看的经济学。也就是，让上帝的归上帝，让恺撒的归恺撒！

在观念上，我认为已经自我厘清、自我救赎；在做法上，是不是能就此改弦更张呢？也许，由一式民主的信徒变成二式民主的信徒，需要一点时间吧！

经济学的原理

在学术期刊里，一篇典型的经济学论文，结构非常清楚：作者先列出行为主体的目标函数（objective function），然后是他／她／它所受到的限制条件（behavioral constraints）。根据这两个主观企图和客观条件，作者就可以推导出行为者的"最适解"（optimal solution）。

无论行为的主体是消费者、生产者、政府、非营利组织等，无论所面对的问题是买电视、求偶、课税、募捐等，都可以利用这个简洁的分析方式。虽然，理论上得到的最适解，与实际生活里的考验之间，往往有一段落差，不过，至少在分析问题上，经济学的这个"基本马步"非常明确扎实。那么，经济学者在传教时，又怎么找出本身传教的最适解呢？精确一点的说法，是如果经济学者走出经济学的象牙塔，向一般社会大众宣扬经济学的教义时，怎么办？什么是"目标函数"？什么又是"限制条件"？最适解的内涵又是什么？

为经济学入门搭建桥梁

触发这个小哉问的，是自己的所见所思。某学年开始，我教了一门经济学，而修课的同学，全都是非经济系的学生。文理农工医法商都有，大一到大四都不缺。经过一段时间，我体会到在经济系和非经济系学生之间，有一道不算窄的鸿沟。时间愈久，这种感觉愈清楚。然后，问题意识就逐渐在脑海浮现。经过一段时间的琢磨，我觉得可以试着捕捉这个问题的轮廓。问题的目标函数，可以明确地定为：经济学者，希望为非经济系学生，写一本经济学入门书！

可是，说来奇怪，虽然有许多经济学者，都以传教士自居，希望向一般社会大众宣扬福音，在学校里，却没有特别为非经济系本科生所规划出的课程。即使有潜在的市场，在书店里，也没有太多为一般社会大众而写的"经济学入门"书，仅有的一两本，还是依赖经济学里供给需求曲线等。对于一般民众而言，似乎没有太大的吸引力。目标函数固然清楚，可是所面临的限制条件又是哪些呢？以我浸淫经济学多年，并且长期撰写"经济散文"的经验，我认为至少有三个基本的限制条件。

首先，这本为非经济系本科生写的经济学，必须契合经济学的主流。既然读者不是经济系的本科生，所以可以省略掉一些专业术语、技术性的概念，以及属于枝节的细部材料。不过，在内容上，这毕竟是一本介绍"经济学"的入门书，所以，自然而然，要呼应经济学的主流。

个体经济学愈来愈重要

譬如，当保罗·萨缪尔森（Paul Samuelson）的《经济学原理》，在1948年发行第一版时，前半部是讨论失业、通货膨胀等的总体经济学，后半部才是讨论家庭、厂商等的个体经济学。这种安排，反映了经济学的历史传承，因为亚当·斯密的《国富论》，主旨是在探讨整个社会的经济活动。亚当·斯密以降，历代的经济学者，也一直以"社会整体"为探讨的重心。萨缪尔森，是当时撑起经济学大纛的领袖，自然延续了这个传统。

不过，随着经济学的发展，个体经济学的部分愈来愈重要。而且，经济学者也体会到，总体经济活动，是由众多的个体经济活动汇总而成，个体经济学，是总体经济学的基础。因此，慢慢的，经济学原理里，都开始先谈个体再谈总体。连萨缪尔森的《经济学原理》，也从1992年的第14版起，改变做法，符合经济学新的主流。非经济系本科生所用的经济学，在核心的部分，也必须在主流里徜徉。

其次，这本为非本科生写的经济学，必须以非经济系本科生为标杆。这种说法，似乎是赘辞、废话。其实，不然。为本科生撰述的经济学，可以参考其他众多经济学原理的教科书，结合古今中外教科书的精华，加上作者独自见到的道理，就可以孕育出另一本经济学教科书。可是，对本科生而言，经济学是一种学问，也是一种专业。对非本科生而言，经济学只是他们接触的众多学问之一。如果不以他们的生活经验为出发点，以他们实际所面临的问题为重心，这本经济学的入门书将如同过眼烟云，船过水无痕。当然，以非本科生为标杆和以经济学主流为依据，是两个彼此冲突的概念。就像又要马儿长得好，又要马儿不吃草，两者不可能同时成立。不过，实际的情形，是马儿和草都很重要，要兼顾这两种价值。

蕴含陶冶社会公民养分

最后，这本为非本科生写的经济学，必须满足一个现代公民的需要。这个条件，可以作为检验前面两个条件的尺度。

一方面，在现代社会里，一个公民至少要具备基本的智能，能了解社会主要的脉动。在经济学里，布坎南所发展出的"公共选择"（public choice），提供了对政治现象的解读；波斯纳法官致力的"法律经济学"，阐明了法律的意义；盖瑞·贝克（Gary Becker）贡献良多的"家庭经济学"，对伦常关系和社会现象建立新的视野。因此，经济学的主流里，有充足的养分，可以陶冶一个现代社会的公民。另一方面，现代公民所面对的诸多问题——求学、就业、消费、储蓄、娱乐、退休等——经济分析必须有明确的指引。使一个公民在现代的经济体系里，消极的能自保，积极的能追求自己的福祉。因此，这本经济学既要有智识上的兴味，又要像"汽车维护一二三"般地具体实用。

当然，关于非本科生用的经济学，在观念上设定"目标函数"和"限制条件"，并不困难。比较困难的，是在实际中展现出那个"最适解"吧！

自然学经济

罗伯特·弗兰克（Robert Frank），是美国康奈尔大学的讲座教授，在实验经济学方面很有贡献。他的《理智驾驭下的情绪》（*Passions Within Reason*），可读性非常高，读来兼有智识上和情绪上的享受。

书中令人印象最深刻的一段，提到他在读研究生时，对一位美女一见钟情。十余天后两人在校园里意外碰面，他永远忘不了当时这位美女（后来成为他太太）脸上自然流露出的那种惊喜、钟情、爱恋、着迷的表情。后来，他发现，他太太只有在注视他们的儿子时，脸上才有同样的表情——当然，太太的眼光由自己身上转移到儿子身上，而不是其他人，还不算太糟！后来他写的一本书，《经济自然学：为什么经济学可以解释几乎所有的事物》（*The Economic Naturalist：In Search of Explanations for Everyday Enigmas*），差强人意。书中列有 137 对问答，展现了经济分析无远弗届的威力。不过，这本书的缺失之一，是没有标明贯穿全书的分析架构。实例可能会让读者目眩神摇，可是却不容易"有为者亦若是"！

书中材料，许多是作者由学生作业中收集。他要让修经济学的学生放大眼睛，观察生活周遭不起眼但值得玩味和探索的现象，然后，试着由经济分析的角度，提出解释。我认为这种做法很好，也打算在自己的课堂上依样画葫芦。不过，最好能先提供几个范例，供学生们参考。因此，我拟了几个问题，自娱娱人。

首先，有次与两位法官/朋友/学生闲聊，免不了扯上"演艺界"名人陈水扁。一位法官两次用"陈前总统"称呼他，我忍不住自以为是，好为人师一下："陈前总统"有四个字，为什么不用"陈水扁"或"阿扁"，可以省下一到两个字？没想到，不久之后，另一位法官也用"陈前总统"的称呼。显然，"吾爱吾师，吾更爱道理"，中外古今皆然。那么，他们坚持用四个字的称呼，道理何在？这个问题的答案，还算简单！

其次，我很好奇，每次我向吃槟榔的人开口要槟榔，从来没有被拒绝过。最近两次，一次是在海边，向垂钓的一个年轻人开口周转；一次是在修车厂，向老板开口明示！向瘾君子要烟可不一定要得到，可是，向吃槟榔的人要槟榔，总是能得逞。为什么吃槟榔的人特别大方，天下似乎有白吃的槟榔，为什么？这个问题的答案，不太简单！

最后，向别人开口借钱时，总是满口称谢，而且心存感激。可是，要还钱时，大部分人却心有疙瘩，不甘不脆，似乎忘了自己当初摇尾乞怜的模样，为什么？这个问题的答案，不简单！

在一般人的心里，这三个问题都不算是"经济学"问题。可是，经济分析却可以试着琢磨，找出至少有一得之愚的解释。也就是，社会现象千奇百怪，但都是由人的行为汇集而成，只要不是醉鬼般地颠三倒四，都隐藏行为者得失与利害的考虑。人同此心，心同此理，行为和现象之间有规则可循。

因此，存在不一定合理，存在一定有原因。由经济分析的角度，可以试着捕捉社会现象背后的原因、支持现象的相关条件，以及现象可能变化的方向。而且，经济学事实上一点都不难，重要的概念屈一手的手指而可以尽数。

当然，要向一般人解释经济分析的趣味，并不容易。因为，没有好奇心、画地自限的人太多了。为什么许多人缺少好奇心而且画地自限呢？这个问题的答案，非常简单！

相对价值下的人生观

多年前在一个偶然的机会里，我应邀到一所大学的会计研究生院去作专题报告。在场的听众，主要是研究生硕博士班的学生和几位老师。

事隔多年，我已经忘了演讲的题目和内容。不过，对于讨论过程中的一段问答，我却记得非常清楚：有一位大概是高年级的博士班学生问我，评估一件事好坏的准则到底是什么？我告诉他，我只学过初等会计学，知道在财务处理上有一些极其浅显的会计原则可以遵循。因此，对于某些问题而言，价值的取舍似乎有客观的尺度可以认定。可是，我相信，在最高层次的会计研究里，并没有公式或定理可以依恃。在最核心的问题上，一定还是一个抽象的、观念性的判断。我发觉，在场的老师不是微微颔首就是不置可否，我心里想，这个观点大概不至于太离谱。

当时觉得"最高境界的抽象性"的观念很有趣，不过，这只是学术上的体会而已，是无关痛痒的"益智游戏"。可是，最近再联想到这个观念，却发现问题严重得有点非同小可……

在浸淫经济学多年之后，我认为对商品、市场、金钱、买卖等的研究只是经济学的一小部分，以经济学的分析方法探讨政治、社会、法律等领域，已经卓然有成。所以，在本质上，经济学其实是一种分析方法——一种"看事情的角度"——而不是一般人所认为，狭隘的"选择的科学"。而且，追根究底，经济学的核心是一个"比较"的概念：在人的世界里，没有"绝对"；任何事物的意义都是在环境里相关条件的衬托和对照之下，才具有内涵。

这个概念不难理解。想象一下，如果世界上只有一个人会唱歌，其他人完全不知道唱歌为何物。那么，其他的人将无从判断到底这个会唱歌的人歌声如何。原因很简单，因为没有可以作为对照和比较的基准。这时候，人们最多只能以其他动物的声音或其他乐器的声音为参考材料，来认知和比拟这个独一无二的声乐家所具有的歌喉。不过，即使如此，人们还是不能判断到底他（她）唱得好或是不好。

一旦有了比较对照的可能性，好坏高下的尺度才会出现。然后，人才会根据自己主观上对于好坏高下的取舍，作出一连串大大小小的选择，选择之后，才是各式各样的行为。因此，我们所看到的人的行为和各种社会现象，都已经是这个认知和选择过程最后的结果。

这个推论的结论很清楚：一件事物的意义，事实上是由其他相关事物所衬托出来的。换一种说法：对于所有事物的判断，可以说都是一种"条件式"的判断，当相关的条件改变之后，是非高下好坏对错的判断也就会随之而变。

可是，如果所有事物的意义都是相对的，而不是绝对的，那么，这种体会所隐含的又是什么呢？

既然事物的意义都是相对的，因此，各种价值判断当然也是相对的。那么，人在情绪上爱恨情仇的取舍，是不是就无需过分执着？既然美丑、善恶、是非、真假都是相对的，是不是也就不需要一厢情愿地认定某些价值，然后全力以赴？顺着这种逻辑推论下去，很多一以贯之、义无反顾的努力和付出似乎就有点可笑，甚至是荒谬：全心全力照顾好自己的家小、一心一意要攀越峻岭极峰、埋头苦干于发明实验、无悔无怨地传道济众……从事所有这些作为的人，难道都是目光如豆的井底之蛙吗？如果他们知道事物的意义其实是相对的，是不是"会"豁然开朗而有所转折呢？如果所有的价值都是相对的，人是不是"应该"在行为上（只）付出相对的努力呢？

我还没有想清楚这件事，我也很困惑。在想清楚"相对价值下的人生观"之前，我的人生观应该是如何？

经济学的世界观

下午刚开始上课，我就告诉在座的学生们：曾经我在省训团"传教（宣扬）"经济学的教义时，有一个年轻人以几近挑衅的语气问我："经济学是西方发展出来的东西，对我们中国人有什么用？中国人不要经济学也活了五千年，何必要拾人牙慧地唯别人马首是瞻？"

讲完之后，我问研究生们，如果碰上这种问题，他们会怎么办？有一位说：遇上不可理喻之人，就不要理他算了。另外一位说：对于这种人，拿个大木棍一棒敲下去就好了。大家哈哈大笑，好像都很赞成的样子。

我告诉他们自己当时的回答："人当然不一定要学了经济学才能过日子，把世界上所有的经济学家都关在集中营里，这个世界照样正常运转。不过，就像教育一样，九年义务教育是最近几十年的事，虽然历史上从来没有九年义务教育，一样可以发展出五千年的文化。可是，相信大家都会同意，受了九年义务教育乃至十二年义务教育之后，对绝大多数的人乃至整个社会而言，都是比较好的状态。同样的道理，在许许多多学者的努力之下，经济学已经累积了很可观的知识和智能，这些知识和智能足以提升人力资本。因此，如果一般民众都能具备基本的经济学观念，整个社会也会变得比较好一些。"

除了这个观点之外，回程的车上我又想到了另外一点："过去在农业社会里，大部分的人主要是顺着春夏秋冬、周而复始的四时变化，然后遵循着祖先流传下来的传统智慧和风俗习惯来因应就可以了。可是，在现代社会里，大家都要面对过去所从来没有出现过的问题：要就业还是要继续求学？要不要让孩子去补习？要住市区还是郊区？在处理这些问题时，传统智慧和风俗习惯几乎帮不上忙。如果我们能根据一套前后一致、合情合理的思考方式来因应，显然要比靠直觉率性而为好得多。经济学是一种世界观，是一种看事情很基本的方法，如果能有一些经济学的基本训练，当然有助于面对日新月异的时空变化。"

我讲完以后，研究生们没有再表示意见。不过，由他们的表情上看，似乎对经济学又多了一份自信，而且也稍微体会到万一碰上率直的挑战质疑时，可以怎么自处。可是，下了课之后，我却觉得意犹未尽，似乎有些地方还可以处理得更好……

由比较抽象的层次来看，在 21 世纪的今天，经济活动已经成为主导人类活动（甚至是人类历史）最重要的力量之一。对每一个人而言，食衣住行育乐，乃至于生活的各个层面，都相当程度的是通过市场交易而进行。对一个现代社会而言，经济活动所引发的核能、环保、失业等问题，更直接间接地影响到每一个人的安危和整个社会的祸福。

更重要的是，随着经济活动愈益繁复、市场规模不断扩充，"人"的意义都已经发生根本的变化。过去，在传统的农业社会里，一个人耕渔织布、自给自足；现在，在现代化的社会里，一个人只在众多市场之一里以生产者的身份，从事一项可能非常简单的工作（开公交车、推销商品）。但是，他同时却能在所有的市场里以消费者的身份，享受所有其他人的努力成果。人的某些功能逐渐退化，但所能体会和经历的世界却远大于往昔。如果能稍稍了解经济学的内涵，不是更加能够高处着眼地掌握历史的脉动吗？

好久没有和我朋友里的社会学家、政治学家和法律学家碰面聊天，不知道他们是怎么看这个问题的？

西游小记

六月底，台湾的学校已经放暑假，大陆的学校刚近学期尾声。我再次应邀，到西安交通大学短期讲课，和前两次不同，这次有内人和儿子同行。

周一到周四上课，周末三天，就和家人离开古都，到附近省份旅游。第一个周末，乘汽车到河南，游白马寺、少林寺和龙门石窟；第二个周末，搭火车到山西，主要是看平遥古城和五台山。

一路上看了不少寺庙，也看了观光客的人潮，在寺庙里烧香拜佛、求神问卜。据说，一些政要都曾经在某些地方祈求神祇或找高僧指点迷津。两次周末之旅的旅程里，有几件小事，让我印象深刻。

五台山上，有大小128座庙宇，重要的景点之一，是位于山巅的"黛螺顶寺"。从山脚到山顶，有三种途径：骑马、搭缆车、步行拾级而上。山脚有一个马厩，里面有十几匹马。游客骑上马后，由人牵着马上山。告示牌标示得很清楚，骑马上山50元（人民币）。内人和同行的友人，决定步行上山；我和儿子，决定骑马。

在上马的地方，不断有人登马出发。可是，我们等了一阵，就是没有人搭理。后来，我喊住一位马夫，说要两匹马，马夫说："一人70块！""不是50块吗？"我问。马夫口中嘟囔了几个字，没听清楚，好像是"马已经累了"之类。

我没有再深究，儿子也赞成去坐缆车。他觉得不公平，怎么可以随便涨价。我心里明白，大概由我们俩的服饰动作，一眼就看出是外地人。对外地人收费较高，就像对首轮电影收费较高一样——对不同的人，定价不同，这是"差别取价"（price discrimination），经济学教科书里早就是白纸黑字！当然，各种差别取价的做法，是不是合理或合法，是另外的问题。

晚上进饭馆前，内人在外面的摊位上，买了半斤的干杏仁核。据说杏仁的果仁，能促进血液循环，有益身心。果核很小，只有一两粒花生米大，剥开硬壳后，里面是更小的果仁。还没有上饭菜，我们边聊天边嗑杏仁核，有些核容易开，好些却无动于衷。饭后离开时，问小贩，小贩语气肯定地说，每个核上都有一条小缝，只要用空的杏仁核边缘，顺势插进小缝，就可以撬开杏仁核。

我听了半信半疑，他怎么知道，每个杏仁核都刚好有一条小缝。第二天在火车上，想起这件事，就试着去找核上的小缝。没想到，真是如此！即使只有花生米大小，每个杏仁核都有一条细细的缝，个个如此。刚开始觉得好奇，赞叹大自然的奥妙，后来想通了，心里却涌上一股很复杂的情绪！

杏仁核上的小缝，不是上天的杰作，而是人工的产物。而且，是在杏仁核烧烤变干之前，一个核一个核划割出来的缝。杏仁核又小又硬，想必要用很利的刀，而且要用相当的气力。手上即使戴厚手套，恐怕还是常受伤。

一斤干杏仁核，大概有近千颗果核，每斤卖 12 元人民币。在成为小贩叫卖的果核之前，显然要经过好几道工序：剥去杏仁核外的果实，切出核上的小缝，烧烤果核，再叫卖。每一道工序，都需要人力完成，也都添增了些微的附加价值。令人好奇和不忍的，是切出核上小缝的人，要割多少个杏仁核，花多久的时间，才能赚到 1 元人民币的工资？

最峰回路转、令人称奇的际遇，是赶火车时发生的事。由西安到太原，买的是卧铺。因为先经过平遥，所以早上就在这里下车，花了大半天，在这个可以溯及西周的古城里游荡。傍晚先吃完饭，再到车站，同行的友人问明，可以用原来的票，由平遥乘车到太原。只不过，不再有卧铺，只能随遇而安。

接近开车时刻，才上了月台，站在车门旁的乘务员看了票说："不行，这票不能用。""可是，站里的人说可以啊！"还是摇头，但是指着下一节车厢说："去那边试试。"到了下一节车厢，还是不行，也还是指下一节车厢。这时火车已经鸣笛，我们拖着行李，跑到第三节车厢，乘务员看了一眼说："先上车，再问列车长！"

四个人如释重负，上了车，歪歪倒倒地穿过几节车厢。在餐车里，碰上列车长。列车长一看票，斩钉截铁的口气："这票不能上车！"把原先的理由再说一次，他不为所动。餐车里还有许多空位，桌上小牌注明：餐费每位20元。中年女服务生就站在旁边，我灵机一动，问她："我们坐下来，付钱用餐可不可以？"她面无表情地说："那可以！"列车长不知道什么时候已经走开，我们就在餐车落座。

我们表明，已经吃过晚饭，可不可以把晚餐换成饮料或水果？答案是："不行。"不久，服务生送上四个自助餐盘，两菜一汤。这种饮食一份20元，并不便宜，因为四个馒头才1块钱。我们瞪着桌上的食物，一直没有动筷子，列车长就隔着几个桌子坐着，若无其事，偶尔瞄我们一眼。

这一番转折，真是特殊别致：火车站里的人说，票还有效，可以上车；火车上的查票员却说不行——这是第一个转折。两个查票员摇头之后，第三个却点头，让我们上车——这是第二个转折。已经上了车，列车长又说不行——这是第三个转折。列车长否决之后，餐车的服务生竟然点头——这是第四个转折。单纯一件事，竟然可以有好几种不同的尺度，这显然不是制度的问题，而是操作制度的人出了问题。

骑马、杏仁核、赶火车这三件事，其实无关大局。骑马和卖杏仁核都是民间部门，铁路局只是众多国营企业之一。不过，通过这几件小事，却具体而微地反映了社会发展过程中，阶段性的问题。而且，我们经历的这几件事，相信不是个案，在中国大陆的各个角落，类似的事无日无之。

随着社会的发展，这三件事（和类似的事例）会不会逐渐消失呢？由经济活动的角度着眼，最明确的当然是杏仁核。当经济持续发展，所得水平上升，生产力增加。大的杏仁核，将由机器处理；小的杏仁核，将被扬弃不用。即使在偏远的农村里，也将不会再有人以划割杏仁核谋生——就像在经济发展程度较高的地区，不会再以人工插秧收割一样！

而且，经济活动频仍之后，事实上也会过滤掉一些不合理、不效率的做法。无论是马夫还是查票员/列车长/餐车人员，慢慢地，不会再要弄小伎俩和小权威。因为，所得上升之后，民众自主权增加，会更积极地争取和维护自身的权益。而且，更重要的是，随着经济活动的扩大，马夫和查票员等，本身也享受到市场交易合情合理的游戏规则。将心比心，在本身的业务范围里，他们的作为也会渐渐地合于情理——这不是三令五申的结果，而是经济活动特质的自然展现。

我的抽屉里，还有几个小小的杏仁核。数十百年之后，这几个杏仁核很可能成为收藏珍品（collector's item）——每个杏仁核上那条小小的细缝，为一个特殊的时空，作了极其特殊的见证！

你的房屋，我的房屋

和儿子一起成长的责任之一是念故事书给他听。某天，由他从书架上抽出两本书，由我高声、不可以故意念错地朗读给他听。

其中一本的书名是《你的房屋，我的房屋》，这是由日文翻译成中文，伴有插图的"精选世界图书丛书"之一。书里先画图说明了有房子的好处：可以避风避雨避太阳。然后，开始一一述说房子的结构。房子要有出入口、屋顶、墙壁，房子要有门和锁，要有地板和窗子，还要有厨房和厕所。在快结束的地方，故事书里似乎有个结论：房屋就是人类动脑筋想出来，做出来的一个很大的生活工具，它把各种使生活方便的工具集中在一起。

念着念着，我发觉这本书竟然和最近我与内人争执不下的问题有关……

几个星期之前，我们搬家，搬到一个附近有市场，而且有非常多餐馆小吃店的地方。我大发奇想地告诉她，其实我们可以把厨房打掉，因为我们可以利用附近的资源来解决民生问题，厨房打掉之后的空间还可以做任何用途。一家之主的内人期期以为不可，她认为哪一个家庭没有厨房，附近的便利不可能完全取代厨房的功能。

我觉得意外又有趣的，是儿子故事书里和我对"厨房"不同的认知和解释……

在故事书里，你的房屋和我的房屋都有很多部分，厨房是其中之一，而且是很重要的一部分。有了厨房，所以一家大小有地方可以做菜煮饭烧水洗碗。如果没有厨房，显然没有办法处理这些和日常生活息息相关的事。在我的想法里，厨房也是个能洗碗烧水煮饭做菜的地方，可是做这些事是为了解决民生问题。如果以其他的方式能发挥同样的功能，自己家里就不一定需要厨房。

故事书里提供的，是一种直接而且绝对的因果关系：因为要吃饭，所以要有厨房。我所主张的解释，则是一种间接而且相对的因果关系：因为要吃饭，所以要有解决吃饭问题的做法。厨房只是其中可能的方式之一，还有其他可能的方式。

在故事书的描述里，因为厨房具有绝对的地位，所以没有好坏利弊的问题。在我的看法里，厨房并没有绝对的地位，厨房的好坏利弊，必须和其他方式对照比较。住家附近如果有很多餐馆小吃，自己家里有厨房的"弊"显然就很严重。因此，好坏利弊是相对的。而且，每一种方式同时包含着利弊和好坏：有了厨房，享受到有厨房的利益，承担了有厨房的缺失，但同时也失去了享受没有厨房的利益，避免了承担没有厨房的弊害。一件事物的意义，是由相关的其他条件所衬托出来的！

当然，我觉得最有趣的，是"两种不同的世界观"所蕴含的启示：不论是"直接的因果关系"还是"间接的因果关系"，都各有描述和解释实际现象的能力。而且，在成长学习的过程里，对事物直接简单的描述和解释很可能是必要的。可是，这种认知方式隐含的，是对于每一件事物，都有关于它的独自的解释，不同的事物就意味着不同的意义。相形之下，间接的描述和解释隐含着一种通则：一件事物的意义，是由其他相关的条件所衬托出来的。由这种角度来认知和解释实际现象，几乎有"吾道一以贯之"的简洁和有力。

抽象地看，"直接的因果关系"和"间接的因果关系"这两种世界观显然也各有利弊。对于不同的人或不同年龄的人来说，可以（或应该）如何取舍呢？如果要有所转折，又可以怎么由其中之一过渡到另外一种？

或许，"你的房屋，我的房屋"指的不只是肉体上住的地方，而隐含着智识和思考上安身立命的取舍吧……

以价制量

我曾经写过一篇短文，分析"取缔随地吐槟榔汁"的意义。我在文章里指出，当绝大多数吃槟榔的人都随地吐汁的时候，随便抓几个倒霉鬼重罚，是不太公平的事。

最近和一位朋友聊天时，我又联想起这件事。我们谈到有一位医学院教授，因为有收红包之嫌而被检举起诉。朋友说，他曾带自己的幼儿去让这位医生看病，而且表示希望孩子的病能快点好。医生听了笑着说，病要好得快，当然有办法，只要开几帖重一点的药，自然药到病除。不过，那会伤害小孩子的内脏，还是让小孩子自己慢慢恢复比较好。朋友的言下之意，显然是指这位医学院的教授是好人。

虽然收红包的医生有很多，但刚好这位医生被检举，所以才有诉讼之难。其他的医生可能收红包数十年，但没有人检举，也就平安无事。两三年前想取缔吐槟榔汁的事时，心里有点为那少数被抓来应景交差的人叫屈；现在再想医生被检举收红包的事，却有一些不太一样的体会……

最早开始送红包可能是因为各式各样的理由：病人真心表示感谢、医生主动暗示、病人希望得到特别的待遇、（好）医生分身乏术之下"以价制量"，等等。无论如何，经过长时间的演变，送红包变成一种习惯，甚至是规矩。红包的价码、送的时机，都有处可考。送的人不（一定）觉得有什么不对，收的人也收得心安理得——因为大家都这么做。结果，收送红包就慢慢形成一种"均衡"。

随着岁月的脚步，一般人的生活经验逐渐发生变化。原来在传统市场或巷子口杂货店里买东西时，都有人情交往的因素掺杂其中；原来到地政户政电信局等单位办事时，也总要靠关系套交情求方便。这些生活里点点滴滴的含义，都和送红包的意味若合符节。但是，现在在超市百货公司里买东西是单纯的一手交钱一手交货，到地政户政电信局等单位办事是照程序办理。交情，不再是重要的成分。生活经验的改变当然会影响一般人对少数没有发生变化的那些"残存"陋习的感受。

然而，支持那些少数陋习的条件并没有太大的改变，"低度均衡"的存在是有其原因的：一般人还是难得请医生帮忙接生，难得住院开刀，在非常的情况下偶一为之的送红包也还能忍受。而且，站在司法单位的立场，如果要一视同仁地处理，可能要同时起诉数千百个人，这当然不是简单的事。更何况即使过滤掉现有的人事，在目前的条件之下，还是会故态复萌。因此，司法单位不主动侦查，但有人检举则受案处理的态度，可以说是有以致之。

在这种"生态结构"之下，偶尔出现的检举、侦查、起诉、处分，对当事人来说确实是"不公平"的——因为其他收红包的人都平安无事。以"选择性的正义"来处理人的问题，说服力很有限。不但当事人心里不平，其他人也不见得会有所警惕，最多只是提醒其他人要"技术改良"，以更间接隐晦的方式来做同样的事。不过，从另外一个角度来看，"公平"和"正义"等，都是在稳定的社会下才有意义的概念。当社会（的某个部分）发生变化时，在变迁过程里公平正义的概念是不太一样的。"抓少数几个倒霉鬼"可能正是挣脱"低度均衡"的微弱契机，可能是生根茁壮、发酵扩散的种子。而且，对这极少数人的处分愈重，愈可能对其他人发生影响。不过，对受罚的人而言，愈重的处分当然愈不公平，而这也正反映出要打破"低度均衡"的困难！

现在吐槟榔汁的人已经愈来愈少，这倒不是因为重罚的结果，而是吃槟榔的人开始重视自己的形象。对于医生收红包、警察收保护费，以及其他诸多的低度均衡而言，这有什么启示呢？

傲慢与偏见

下午送一位朋友到车站搭车，车子离站后我过街搭出租车回学校。红灯前刚好停了一辆空车，我就敲敲车窗，开门坐进后座，顺口说："麻烦你到×××。"

司机用闽南语问了一句："要去哪里？"我重复了一次。红灯变绿灯，车子就慢慢往前走。司机没回头地说："已经坐进来了。"我不清楚他的用意，也就没搭腔。过了没一会儿，他又说了一次"已经坐进来了"，然后问我会不会说闽南语。我说在台湾出生长大，当然会，只是说得不太流利。

司机大概觉得这个答案还过得去，就平白直叙：他一向不载讲国语的客人。只要客人一讲国语，他就请他们下车。刚才是因为我"已经坐进来了"，他才勉强按捺下来。即使不载讲国语的客人他照样过得去，而且心里痛快得很。他问过很多朋友：如果有人先打你一个耳光，再向你道歉，你愿意接受吗？在他的朋友里，没有半个人愿意接受道歉。

我知道他话有所指，但无意引发一场无益的论对，就不动声色地听他继续发表高见。

我一面听他抑扬顿挫的"道理"，一面觉得有点意外：过去听过看过报道，知道曾有出租车司机把讲国语的乘客赶下车，可是从来没有想到这种事几乎就活生生地发生在自己身上。可是，在情绪上还一片复杂时，我却想起以前看过的几篇文章……

不载讲国语的人、不向女人卖计算机、不和初出茅庐的年轻人打交道、不和有色人种做朋友……不论是基于什么理由，这些行为在性质上都反映着某种成见（偏见）。虽然成见是一个人主观上的判断和好恶，别人不一定有置喙和干涉的权利，可是因为偏见作梗的关系，确实会减少很多可以彼此交往互惠的机会。如果能消弭偏见，人可以更完整地发挥自己的潜能，也更可以享受别人的智慧和才情。

不过，问题是：怎么样才能消弭偏见呢？减少偏见最好的方式是什么？

有些经济学家相信，通过市场机能的节制，最可能过滤掉意识形态上的偏见：如果一个黑人卖的东西明明价廉物美，但是因为种族上的好恶你避而不顾，结果是你自找麻烦，减弱了自己的竞争力，甚至可能蒙受其害。同样的，如果你是商人，但是要个性，不卖东西给黑人，结果平白把赚钱的机会拱手让给别人，损己利人。只要市场的竞争激烈，那些有偏见的人竞争力将会比较弱，也就会自然而然地被淘汰过滤掉。

这种对市场机能特性的阐释当然很有启发性：市场不只是使买卖双方能通过交易而互惠，而且，在竞争的压力下，胜负得失是以实力来分，而不是其他不相干的因素。在这层意义上，市场机能可以说是"色盲"的。不但没有偏见，还可以让有偏见的人自食恶果，慢慢被淘汰出局。

不过，虽然在观念上，市场机能确实有某种过滤和淘汰的功能，但是，在实际的世界里，这种功能却有时而穷。在竞争不是那么激烈、利害不是那么重大、胜负不攸关生死的环境里，好的结果不一定会出现，不好的现象也不一定会消退。而且，更麻烦的是，在人和人的交往里，只有很小的一部分是通过市场里的交易。在其他"非市场"的交往互动里，公平竞争、优胜劣汰的可能性更低，偏见、歧视、差别待遇、双重标准等，当然也就可能存在和延续，甚至渐渍而扩大。

付钱下车时，我用闽南语说了声"多谢"，他也用闽南语说了声"顺走"。可是，我不知道他下次会不会载讲国语的客人，我也真的不知道消弭偏见最好的办法是什么？

地下经济

利用学校放春假，我到西班牙参加一个学术会议。会议在靠海的观光胜地瓦伦西亚举行，开会之余，也抽空漫步街头，享受另一种文化的气息。

有一天午餐过后，我和一位大陆留法的学者顺步走到会场旁的小公园里聊天。附近长椅上零零落落地有一些情侣和老人在晒太阳和打瞌睡，公园里的小喷水池里，大理石雕像汩汩地流出清水。和繁华嘈杂的台北街头相比，这真是一幅宁静祥和的画面。

和朋友找到一个长椅落座后，我们随便闲聊。他觉得研讨会里的一篇论文很有趣：在中国大陆送红包、走后门的风气很盛。大家都觉得不好，但大家都这么做。这种"地下经济"到底是社会里人际交往的"润滑剂"还是"腐化液"？

我说，对个人好的事，对社会整体来说不一定是好事。这还不算麻烦，比较麻烦的是两个社会之间比较好坏的问题。我告诉他，自己曾写过一篇短文，提到菲律宾的妇女如果到台湾，看到孩子少的好处，回到菲律宾，也许就不会生那么多的孩子。所以，社会之间好坏的比较其实就看经过彼此交往，哪个社会受到影响而发生改变。

朋友有不同的看法。他说，即使菲律宾的妇女到过台湾，回到菲律宾之后还是可能会生很多的小孩子——因为环境里期望和压力的关系。

我想了一下，然后表示：在个别事例上可能会有这种现象。不过，这应该是一个百分比的问题。如果有一百个菲律宾的妇女到台湾参观，也有一百个台湾妇女到菲律宾参观。回去之后，或许有三十个菲律宾的妇女有勇气改变她们的选择，而只有五个台湾的妇女愿意多增加子女。这样一来一往，就可以反映出哪一种做法"比较好"。

朋友微微点头，不再表示意见。开会的时间也到了，我们就在和煦的阳光下慢慢走回会场。不过，当我在会场里坐定，却开始觉得自己的观点似乎稍微粗糙了一些……

虽然以两个文化发生接触时，"被说服（征服）"的比例作为指标，确实可以看出两种文化间的相对强弱，不过，"强弱"不一定等于"好坏"。尤其当不同文化接触时，最直接的往往是感官上能立即反应（接受或排斥）的东西。所以，可口可乐、电视、冰箱、电动玩具几乎是所向披靡、打遍天下无敌手，连新几内亚的土著都人手一罐可口可乐。可是，难道这就反映出美国文化的优越性吗——这只不过是表示在美国这个资本主义的市场经济里，比较容易开发出一些能满足绝大多数人类口味的商品而已！

更麻烦的是制度上的取舍：即使非洲有很多国家向往西方式民主一人一票所隐含的个人自主，但是，直接移植选举代议制度的结果，是连年的战祸和破败的经济。在"民主政治"下，一般人民的际遇比部落王权时代还要凄惨。所以，"接受"并不意味着改善或进步。

这么看来，也许评定好坏的准则不是在文化接触的那一个时点上，哪一个文化被影响（或征服）。而是在接触、受影响之后，经过一段时间能由承受到消化，再孕育出一种新旧调和、兼容并蓄的文化。如果能过渡到新的、稳定的均衡，而且不愿意再重新回到旧有的生活方式，或许才是评定文化之间高下的一种比较好的指标！

会场外的阳光亮丽、空气清新，我却忍不住怀疑，历史上到底有多少社会在经过接触和考验之后还能幸运地浴火重生、步上坦途？

供给和需求的另一种思考

早上从台北坐车回台中，到台中时已近中午。办完一些简单的琐事之后我发现自己正在台中女中附近，就刚好走几步路到"菜根香"吃午餐。

自己一个人落座在一张小桌子旁，点了招牌面和小菜以后，我不禁回想起有关这家面馆的一些点滴……

菜根香的老板是大陆北方人。三十多年前退伍之后，就在现在这栋富丽堂皇四楼建筑的附近搭了一个临时的棚子卖牛肉面。我记得读小学时还偶尔会提着圆桶形的餐盒，骑十分钟左右的自行车到面棚来买面。老板做的牛肉面浓郁可口、与众不同，在近悦远来之后生意愈做愈大。不但当年的竹棚变成现在的华厦，菜根香还在南北开了多家分店，由台中的总店每天以专车把秘方炖熬的牛肉汤送到各地的分店去。

我还在脑海里想象当年墙边矮矮的面棚子，侍者已经端来一碗热腾腾的牛肉面。我连吃了几大口，又喝了好几口汤。虽然我肚子又饿，心理上又已经"准备好"要喜欢这个和自己的童年有某种牵系的东西，但是，我却发觉牛肉不（再）是那么的美味，汤也不（再）是那么的香浓。牛肉面不但和记忆里的不太一样，甚至也不见得比其他地方的牛肉面好。

这到底是怎么回事？我慢慢地把面一口一口地放进嘴里，也试着琢磨出一点体会……

最直截了当的解释，当然是菜根香自己的问题。或者是秘方失传，或者是秘方里的原料和过去的不一样，所以，今不如昔。不过，姜是老的辣，两鬓斑白的老板还是殷勤地楼上楼下招呼客人，活秘方还在，而且，两岸交流之后，各种原料的货源更充裕，应该也不是问题。

另一种可能是有人见贤思齐，慢慢摸索出类似的配方。然后，就像台中的"太阳饼"和"一心豆干"一样，仿冒品的味道和真品的味道变得相去不远。群起效尤、鱼目混珠的结果，是"本铺"的东西不再那么突出、高人一等。这种解释当然有某种程度的说服力，不过，除了菜根香"供给"方面的这些因素之外，应该还有其他的解释才是。

从我这个消费者"需求"的方面因素来考虑，可能感觉更清楚。小时候大家的物质条件普遍都不好，三餐也多半是自己家里开伙，偶尔有机会吃到外面买来的东西，心理上总是特别地兴奋，自然也容易感觉东西特别美味。长大之后，在外面用餐变成常态，新鲜感早已消失不见，别人做的东西自然也不像以前那么有吸引力。

而且，在外面用餐的人口增加之后，多的不只是和菜根香类似口味的牛肉面。像中西快餐、日本料理、地方小吃等，各种餐饮百家争鸣、百花齐放，牛肉面只是争奇斗艳的千百种食物之一。因此，即使菜根香在"牛肉面"这一种食物上胜人一筹，即使菜根香的牛肉面还是比我自己家里的伙食高明许多，和其他各擅胜场的美食相比，也不过是千百分之一而已。两种因素烘托之下，菜根香的牛肉面变得平淡无奇并不为过。

不过，在这些显而易见的原因之外，我隐隐约约感觉到另外一种更深刻，也让自己稍稍心惊的解释：成长之后，生活、工作和责任都不断地增加，也不断变得愈来愈复杂。占据自己最多心思的，往往是脑海里反复挣扎翻滚的一些思想观念。"吃东西"已经变成生活里很不重要的一部分，而且也不再会激起自己感官上太多的起伏。所以，很可能并不是菜根香的牛肉面变得不好吃，而是我自己变得不太在乎牛肉面的味道了！

我还是耐心地把眼前的牛肉面吃完。在起身去柜台付钱时，我忽然想到"看山是山"的三种境界……不知道哪一天菜根香的牛肉面会不会又变得很可口好吃……

游于艺

1977年，三个合伙人在芝加哥成立了一家小的顾问公司，其中两位是芝加哥大学法学院的教授，另一位是两人的高足。

这个举动并不特别，小公司的性质倒是有点特别，主要的业务，是为其他律师事务所提供咨询服务。一般的律师事务所，无论大小，照行规打官司。这个小公司，认为以传统的方式论对是非黑白，比不上"让证据来说话"。他们接受委托，搜集具体的数字数据，利用统计方法分析，然后提供给律师事务所，让他们能在庭上呈堂论证。

1981年，合伙人之一被任命为联邦法院法官，为了避免利益冲突，他让出股份，专职法官。另外两人继续挥洒，业务愈做愈大。后来，这家法经顾问公司（Lexecon Inc.）在波士顿开设分公司，在芝加哥本部，就有200名员工（包括许多博士）。当初三人的构想，显然像金矿一样——智识上发光发热，生意上也大发利市。

当年离开顾问公司成为法官的那位不是别人，就是名满天下，当代最有影响力的法律学者之一、公认的当今法律经济学的掌门人——波斯纳法官。他在判案、演讲、著述之余，又有宏图之举。他和诺贝尔奖得主贝克联手，成立"贝克—波斯纳博客"（The Becker-Posner Blog）。不定期、但是经常发表评论，两人先各抒己见，一段时间之后，再针对众多网友的评论，响应和申论。如果以波氏四十年前成立的顾问公司为准，这次和贝克一起设坛开讲，想必大有可观，后市不可限量。

就论述本身而言，两位在网站上的评论和回应，和学术论文不同，无论在长度、旁征博引还是精致程度上，都不及论文，而比较接近报纸或杂志里的专栏。不过，也不完全像专栏。专栏通常是一人执笔或几人轮流执笔，而不是针对同一主题，两人同时发声（实际做法上，很可能是由一人先撰文，寄给另一人。后者有意采取不同立场，以为对照。然后，两篇评论再同时露脸）。而且，一般专栏的读者，是不现身的旁观者；光临博客的网友，参与评论，人人可见。两人再回应、申论、修正、补强、总结、收尾。日积月累之后，两位的博客论坛，很可能和报章杂志分庭抗礼、各擅胜场。

以贝克和波氏的学养，他们的评论当然言之有物，带给网友们知性上很大的满足和享受。而且，他们背景不同，论点自然不同、各有所重。这些相同相异之处，本身就很值得玩味。

前哈佛大学校长劳伦斯·萨默斯（Lawrence Summers）曾在研讨会引言时，触及男女差异。他提到：自然科学如物理、数学等领域里，顶尖的女性学者较少，原因值得研究，是不是和男女天生特质上的差异有关？以美国当时的学术气氛，这种说法是"政治不正确"（politically incorrect）。萨氏本人，又一向以言词锋利、领导强势著称——他由财政部长卸任接任哈佛校长之后，有一次和前总统克林顿开视频会议。克林顿的第一句话，就是："早安，校长先生，今天您已经侮辱了何方神圣？"（Good morning, Mr. President，who have you insulted this morning？）

萨氏的发言，引起轩然大波，国内外都备受瞩目。贝克和波斯纳在博客里，也两度撰文讨论。贝克提到，他曾参与许多聚会，和其他诺贝尔奖得主以及顶尖学者摩肩接踵。他常常觉得，由言谈举止上看，这些学术上登峰造极的人，聪明才智似乎并没有特别的过人之处。慢慢的，他体会出一点心得：决定学术成就的，主要不是天生的才慧，而是后天长期持续地下工夫（hard work）。因此，如果女性科学家，为家庭子女分心，排挤效果之下，就可能和男性表现不同。

这个论点，抛开意识形态，就事论事，确实掷地有声，而且正反映了贝克所擅长的价格理论：人面对的价格结构（也就是诱因）不同，往往有不同的取舍，相当时日之后，最后自然呈现出不同的状态。相形之下，波氏的臧否，和贝克迥然相异。

他认为，萨氏的引言，也许有斟酌之处。然而，作为哈佛校长，事后道歉，却是错误之举。不但反映领导上的怯弱（leadership weakness），而且显露出心态上的傲慢（condescending）。一旦道歉，等于是立刻放出讯号，让校园里的师生知道他容易让步；校园里的夙敌，刚好形成联盟，对校长施压。另一方面，女性选择自然科学，有诸多原因。萨氏道歉，似乎意味着自己不该失言，因为自己的言辞，可能会影响某些女性，使她们因而放弃自然科学。这是自抬身价，自恃傲慢。

贝克和波氏的论点，反映了他们不同的才情，也反映了他们分析时不同的方法。贝克总是以价格理论为依据，希望能辨认出影响行为最重要的那两三个因素。经济理论，就像是他的马步、他的基本功夫，无论眼前的情境如何，他总是不避讳、不眨眼（relentlessly and unflinchingly）地施展出看家本领，而且总是直指鹄的，手到擒来。

波斯纳兴趣广、涉猎多，虽然是学者、法官，但是还有相当浓厚的艺术家情怀。他行文时，不仅见人所未见，而且往往"指马为鹿"，凭空描绘出一幅泼墨山水，大幅扩充读者的思维和视野。如果问一百位经济学者，萨默斯的"道歉"是不是反映了"傲慢"，大概九十九个人会瞪大眼睛，然后摇头，只有一个人会点头——就是波斯纳。

因为贝克反复援用价值理论，所以只要下苦功，一般人庶几近之；波斯纳则不然，他博览群籍、贯穿古今、想象力丰富，又有意不落俗套，旁人即使下的苦功再多，大概也只能对他欣赏赞叹，以"虽不能至而心向往之"自遣。然而，他们在分析方法上的差别，也反映了他们对后辈学者影响的多少。贝克的分析方法明确，容易学习，成果也容易累积，自然追随者众；波斯纳的分析方法如天马行空，自由驰骋，不容易学习，也不容易累积成果，仰慕的人多，效颦的人少。

过世的诺贝尔奖得主、同为芝加哥学派大将的乔治·施蒂格勒（George Stigler）曾经表示，经济学者的责任，不在经世济民，而是把经济分析弄得"客观、正确而有趣"（objective，accurate and interesting）。如果他还在世，如果成立的是"施蒂格勒—贝克—波斯纳博客"（The Stigler-Becker-Posner Blog），他们纵横才情、自娱娱人的挥洒，想必会使博客里的人气景象更为热闹万分！

周伯通的道理

周伯通，是金庸笔下的人物，为无数的读者所喜爱。他的性情模样，由外号"老顽童"可见端倪。老顽童除了嗜吃之外，无聊时喜欢自得其乐——左手和右手对打，不亦乐乎！周伯通，是武侠小说里的人物，自己打自己，是金庸生花妙笔下的想象。然而，在真实世界里，真有这种自己打自己的事！

米尔顿·弗里德曼（Milton Friedman），是 1976 年诺贝尔经济学奖得主，他的名言"天下没有白吃的午餐（There is no free lunch）"，无人不知，无人不晓。托马斯·谢林（Thomas Schelling），是 2004 年诺贝尔经济学奖得主，他的名言"天下有白吃的午餐（There are free lunches）"，引人遐思，令人嘴馋。

两位都是经济学界的顶尖人物，都拿到经济学的桂冠，然而，两人对经济学的一言以蔽之，却是不折不扣的自己打自己。经济学令人着迷和困惑，真是有以致之。无论如何，两人说话的背景，值得稍稍交代。

据说，有天弗里德曼遇到一位犹太教牧师，年高德重，满腹经纶。牧师说道：耶和华的教诲一以贯之，就是"己所不欲，勿施于人"，经济学似乎博大精深，能不能也如此这般地一针见血？弗里德曼不假思索，脱口而出：天下没有白吃的午餐！

谢林的典故，稍稍曲折。1994 年 5 月 20 日，他受加利福尼亚大学伯克利分校之邀，对经济学系的毕业生致辞，题目是"经济学者知道什么？"（What do economists know？）他的开场白，是典型的美式幽默——四十年前，我参加晚宴时早到了一些，和一位剑桥经济学者闲聊。他说，经济学里真正重要的道理，屈一手的手指而可尽数。我满心期待，等着他告诉我是哪几个道理，可惜，其他的客人陆续来到，我们谈话中断，而我从此陷入永无止境的困惑和猜疑之中！

笑声过后，他自问自答，提出他认为经济学里真正重要的道理——天下确实有白吃的午餐！

凭空创造价值

弗里德曼和谢林的说法，都言之成理。天下确实没有白吃的午餐——家庭和事业、健康和财富、环保和经济发展、人权和法治，往往不能兼得，得到其中之一，必然意味着另一方面要受到抑制。而且，要享受鲜美的果实，自然需要付出汗水和心思。然而，相对的，天下也确实有白吃的午餐——牧民生产一瓶牛奶，假设成本10元，以15元出售，消费者买回家享用，得到30元的快乐。因此，成本10元的东西，一经转手，增值为30元。通过交易，凭空创造出20元的价值，牧民和消费者均蒙其利。还有，谢林强调，一些国家贪污腐败盛行，私有财产权脆弱粗糙，但是，这同时意味着，还有很大的改善空间，大家可以同享其利。有许许多多免费的午餐和盛宴，正等着被创造和攫取！

分开来看，周伯通左手和右手的招式，各擅胜场；弗里德曼和谢林的铁口直断，也各有所据。可是，左手打右手，自己打自己，到底胜负如何呢？或者，至少该如何自圆其说呢？

两位经济学诺贝尔奖得主的针锋相对，也许最好由经济学的老祖宗亚当·斯密来化解。在其开山之作《国富论》里，斯密反复论述：贸易上采取闭锁政策，看似保护国内产业，其实有害于社会大众。保障贸易商的利益，是以牺牲大众、社会和国家的利益为代价——天下没有白吃的午餐！

另一方面，斯密念兹在兹的，也是《国富论》的精髓所在，就是如何通过经济活动（国内和国际间），通过那一只看不见的手，使社会的资源愈来愈多，国家也愈来愈富强——享受白吃的午餐。而且，白吃的午餐，所在多有：交易，合则两利；欧盟，是眼睁睁、活生生的例子——千百年来不共戴天的世仇，整合之后，交易成本大幅下降，经济活动大为活络；规模上，2014年欧盟一跃而成为世界第二大经济体。把无中生有的欧盟，看成是到目前为止、人类历史上最耀眼的免费盛宴，并不为过。

左手打右手

抽象来看，天下没有白吃的午餐，是强调"成本"这个概念；天下有白吃的午餐，则是强调"效益"这个概念。成本，是人类选择的本质，被放弃的可能性，就是成本。效益，则反映了人类举止的可能性，选择之后所攫获实现的，就是效益。成本和效益，是经济分析的中心思想，两位经济学精英各抒己见，各有所重，而由经济学的奠基祖师化冲突于无形，不亦宜乎。

这么看来，周伯通左手打右手，弗里德曼和谢林的午餐之争，其实都有道理。不过，亚当·斯密的两本传世巨作——《国富论》和《道德情操论》——分别阐释自利和利他。自利心，是市场经济和资本主义的基础，没有自利心，不会有诱因和动力求好求变。利他心，是伦常关系和人际网络的特质，没有利他心，家庭组织和人类社会无以为继。然而，自利和利他，又是左手打右手。斯密过世之后，其他的文稿都依遗嘱销毁。自利和利他如何调和，似乎又令经济学者陷入永无止境的困惑和猜疑之中！

还好，江山代有才人出，斯密留下的终极难题得到解决之前，不断有经济学者著书立说，自说自话，自娱娱人。英国专栏作家大卫·史密斯（David Smith）的著作，书名是 *Free Lunch*——中文版译为《天下真有白吃的午餐》。而副书名是两行小字：《入口速溶的经济学——为什么天下没有白吃的午餐》（ *Easily digestible economics: why there's no such thing as a free lunch* ）。

所以，在书的封面上，作者就左手打右手，自己打自己。午餐到底白吃与否，作者的解释不同于弗里德曼和谢林。他引用的典故，主要和英国有关。不过，他所希望阐扬的理念，确实是亚当·斯密以降，世世代代经济学者所希望阐扬的理念。

那么，大卫·史密斯是周伯通吗？还是周伯通身后的金庸？

晶莹剔透的钻石

二十余年前，初看《一课经济学》（*Economics in One Lesson*）这本书时，觉得是钻石般的智慧结晶。二十余年后，再看这本书的中文版时，感觉依然如此。这确实是一本好书。

二十多年前，对"公共选择"理论很着迷，涉猎了一些相关的书籍。除了教主布坎南的著作之外，印象最深的，是两本小书。一本，是阿瑟·奥肯（Arthur Okun）的《平等与效率：艰难的取舍》（*Equality and Efficiency：The Big Trade off*）；另外一本，就是亨利·黑兹利特（Henry Hazlitt）的《一课经济学》。这些年来，对于这两本书，脑海里一直有鲜明的印象，而且，经常会在不同的场合，引述这两本书的智慧结晶。

奥肯是总体经济学者，曾经担任美国总统的经济顾问，长期参与公共政策的规划和咨商。当他快退休时，以平实的笔触，把多年的体会娓娓道来。书中的许多观察，都一针见血，发人深省。譬如，他提到，对于保障基本人权，现代国家责无旁贷。然而，在诸多基本权利里，要先保障哪些权利呢？

譬如，在"言论自由"和"免于饥饿的自由"这两者之间，何者为先？为什么？奥肯笔锋不带情感地点出：保障免于饥饿的自由，要耗用可观的资源，即使最富裕的西方社会，也多半只是口头上说说而已，或者只能局部做到。相反的，要实现言论自由，只要政府不干涉，花费极为有限。因此，现代社会，保障言论自由的多，保障免于饥饿自由的少，有以致之。

同样的道理，运用教育经费时，在正常教育和特殊教育（资优生和弱势生）之间，比例该是多少？为什么？依此类推，在教育和交通建设之间，预算该如何分配？在环境保护和经济发展之间，优先次序又是如何？显然，考虑具体的公共政策，不能靠直觉、想当然耳，而必须面对所涉及的成本效益。也就是，思考公共政策的曲折良莠，最好有一套平实有效的分析工具。奥肯的叮咛，值得长留耳际。

相形之下，黑兹利特不是学院派出身，而是自修成功的经济评论家。他念兹在兹的，是把经济分析的结晶，传递给读者大众。他的书名，直截了当，而他的中心思想，也可以一言以蔽之：好的经济学者，除了注意短期的效果之外，也会注意长期的效果（short-run vs. long-run）；除了注意局部的影响之外，也会注意全面（partial vs. general）的影响；除了注意直接的因果关系之外，也会注意间接（direct vs. indirect）的因果关系。

然而，这种体会虽然明快，却像是巍巍而立的骨架（skelton），有了实际案例为血肉（meat），才能相得益彰——而在书中，黑兹利特用大部分的篇幅，不厌其烦，一而再再而三地让事实来说话。不过，书里所举的例子，大部分是关于经济活动。他的体会，事实上适用的范围非常广。

波斯纳法官的名著《法律的经济分析》（*Economic Analysis of Law*）里，有很多令人意外、似乎违反常情常理的例子。其中之一，是关于以分期付款买家电家具时，处理逾期未缴的官司。很多美国大型百货公司，都提供分期付款，让顾客先享受、后付款，能拥有冰箱、沙发等用品。可是，如果分期付款逾期不缴，厂商就认定顾客违约，一方面收回货品，一方面没收已交金额，或只退回象征性的微不足道的金额。甚至，如果冰箱的分期付款逾期，厂商可能把同品牌的电视也一起收回。

消费者认为权益受损，打官司告厂商以强凌弱，契约条件过苛。有些法院果然判消费者胜诉，认定款项迟付时，即使厂商收回商品转售，也只能扣去"合理的"费用。波斯纳指出，这种判决，看似保护消费者，其实是只见舆薪，反而会伤害消费者的福祉。

对买卖双方而言，交易是合则两利。会迟付违约的消费者，主要是中低收入户、单亲家庭或经济上较为弱势的群体。厂商也想提供产品，赚这些人的钱。可是，为了降低呆账坏账的风险，就想出看似严苛的"回收条款"。一旦法院认定厂商违法，厂商没有办法自保，对这些人只好不再提供分期付款。结果，法院看似公正的判决，其实直接地伤害了经济上最弱势的群体。

因此，好的经济学者，不能只看短期、直接、局部的影响，而要考虑长期、间接、全面的效果。好的法官，显然也是如此。而好的政策制定者、政治家、企业家，当然都该如此。奥肯和黑兹利特的两本书，除了内容引人入胜、令人深思之外，还有进一步的涵义……

对于经济学，一般人往往认为和图形数字、金融货币密不可分，然而，两本小书的内容，却把经济分析平实深刻地呈现出来。经济学的道理，朴实无华，经济分析适用的范围，无远弗届。几十年来，有无数的经济学论著，然而，两本小书经得起时间的考验、历久弥新，正是为经济分析的平实有力作了历史的见证。

虽然两本书处理的问题，都和一般民众息息相关，两位作者却没有以先知的姿态，揭橥经济分析的真知灼见，呼吁大众聆听教诲。绝大多数的经济学者，也是如此，他们着重于分析事情的原委（is），而不轻易指引应然的（ought to）方向。他们比较不像手里捧着《圣经》的牧师，宣扬福音，他们比较像拿着望远镜和放大镜的旁观者，希望摸清事物的原委，然后据实以告。

两本书的重点，都和公共政策有关。经济学的基本观念，虽然晓白易懂，可是由大众的认知，到影响具体的公共政策，却是一个迟缓艰辛的过程。这两本书值得世世代代的公民阅读，直到书中的体会和提醒，确实能使公共政策免于浪费无稽而后已。

七十年前初版时，《一课经济学》是一颗智识上的明钻（It is a gem），现在依然如此；三十年后，发行百年纪念版时，希望这颗钻石闪耀的，是一种更成熟的光芒！

指鹿为马的趣味

各国文化里，用比喻来认知人事物都很普遍。譬如，中文世界里，用"小犬"比喻自己的儿子。这个用法的起源如何，有待查考。还有，"情逾手足"和"情同手足"的说法，是把朋友之间的交情，和手足之情相比。当然，把兄弟称为"手足"，更是不折不扣的比拟。

那么，夫妻关系，怎么比拟比较贴切呢？这个问题，不纯然是文学上、艺术上或思维境界上的益智游戏。在硬邦邦的法律里，这个问题重要无比。因为，离婚率日益增加，是举世皆然的趋势，和婚姻有关的官司，出现的频率远胜于往昔。法官、律师和法律学者们，需要一套好的分析架构，以认知和处理眼前的问题。

奥利弗·威廉森（Oliver Williamson），是美国耶鲁大学著名的经济学者，在产业组织（industrial organizations）方面，有重要的贡献。关于雇主和员工之间的关系，他提出两大问题：特殊资产（specific as sets）和机会主义（opportunism）。

婚姻关系与契约

员工一旦受雇，马上面对现实问题：各个公司，有各自的公司文化，而特定的工作，需要特别的技巧和知识。要能胜任工作，并且发光发热，需要长时间的投入。可是，一旦发展出特别的才具，等于是为这家公司量身定做了一台特殊的机器，对这家公司的价值高，对其他公司却可能一文不值。员工该不该投入时间心力，发展"特殊资产"呢？如果发展出特殊资产，公司认定员工别无去处，借机压榨剥削，员工怎么办？

对公司来说，面对的是同一个铜板的反面：对于新进员工，公司要不要投资于教育训练，累积员工的人力资本呢？一旦投入可观的金钱和时间，发展出对公司很重要的"特殊资产"，如果员工趁机对公司予取予求，公司怎么办？

因此，对公司和员工这两方面，都面对特殊资产和机会主义的考验。威廉森的智慧结晶，就是点明经济活动（特别是产业组织内）的潜在难处。他也指明，借着签订长期契约（long-term contract），或是提供适当的升迁渠道、员工福利，以及发展业内业外的商誉等，都有助于化解双方所面对的问题。

可是，婚姻关系，难道可以比拟为员工和雇主之间的"长期契约"吗？何况，员工和雇主，无论是貌合神离还是肝胆相照（都是比拟），毕竟只是从事经济活动而已。婚姻关系，无论是如胶似漆还是同床异梦（又是比拟），毕竟还有生儿育女的面向。以契约比拟婚姻，是不是不伦不类？就事论事，威廉森是著名的经济学者，专长是产业组织，对长期契约有深入研究。可是，他并没有把"婚姻"比拟为"契约"——把婚姻比拟为契约的，是法律学者！而且，运用的概念，正是威廉森发展出来的"特殊资产"和"机会主义"！

人际关系的两面

男女（或同性之间）一旦结婚，会面对与员工和雇主之间同样的难题。如果彼此期望长相厮守，双方都愿意投入心力时间，琢磨对方的好恶，雕塑出适合彼此的"特殊资产"。如果觉得婚姻未必持久，自然不愿意为对方量身打造特别的情怀才具。而且，即使婚姻关系持续，双方也可能见异思迁、喜新厌旧、有恃无恐。机会主义的诱惑，就算并不明目张胆（另一个比拟），也一直潜伏左右。

事实上，子女的因素，更突显出婚姻的特质。短期的伴侣关系，通常不会想要有子女，只有长期的关系，才会考虑生儿育女。因此，子女的因素，使得"特殊资产"和"机会主义"的考验，变得更为重要。婚姻关系上，必须发展更精致有效的辅助措施，以为因应。把婚姻比拟为"契约"，容易抽丝剥茧、直指鹄的，掌握婚姻关系最核心的本质。

其实，人与人之间的交往，可以看成一道光谱（还是比拟）。光谱的一个极端，是一面之缘的交往。路上擦肩而过、便利商店买饮料、飞机上邻座偶遇、打电话给查号台，都是单一交往（one-shot）。光谱的另一个极端，是终身关系，无从改变，也无从脱离。父母和子女之间的关系，庶几近之。介于两个极端之间的，是亲疏浓淡不等、交往多少不一的各种关系。有的交往关系，比较接近一面之缘这个极端，如住家附近超商，工作上认识的客户等。有的交往关系，比较接近终身不变这个极端，如童年好友，多年旧识，患难之交等。

寿命渐长与女性就业及离婚

婚姻关系，过去几乎可以和终身关系画上等号，现在，则是已经离开这个端点，而慢慢向光谱的中间位置移动。移动速度多快多慢，当然受到诸多因素的影响。几点事实，可以稍稍烘托和佐证。1920 年，美国男人平均寿命为 54 岁，女人为 55 岁；1980 年，男人增加为 71 岁，女人则变为 78 岁。（平均寿命延长二十年左右，对很多事都有影响！）此外，1970 年左右，美国单薪家庭占所有家庭的 35%；2000 年，双薪家庭的比例，已经高达 67%。（女性就业人口上升，除了引发、助长和支持女权主义之外，想必对婚姻关系产生冲击。）还有，一般家庭里，子女人数减少，同性恋结婚，已经逐渐合法。无论如何比喻比拟，在捕捉婚姻关系的本质时，这些活生生的事实，是无从忽视的重要背景。

《结婚离婚的法律经济分析》（*The Law and Economics of Marriage and Divorce*），是一本论文集，撰述各篇章的法律和经济学者，都是一时之选。借着诸多比拟、比喻和论证，希望对这个人类社会的重要主题，能有更上层楼的体会。这本书的读者，不会是大众，而是小众。出版社把这本书带给中文世界的读者，着眼所在，显然不是商业利益，而是基于某种理念和责任感。这种虽千万人而吾往矣的作风，特别值得一记。

虽千万人而吾往矣，也是一种比拟！

第二部　读社会

揭开稻草人的面纱

若干年前，因缘际会，我写了篇文章，名为"稻草人"，探讨贴标签的现象。我指明：贴标签，是降低行为成本的做法，不过，标签最好是行为上的参考坐标，而不是对之凌空出拳的假想敌——稻草人。

我觉得，故事有趣，和一般人的生活经验相呼应。而且，由经济分析的角度解读社会现象，有一言以蔽之的清晰明快。因此，在课堂里或校内外其他场合，我常常用来当做讨论的题材。这些年来，反复论对，面对各种质疑挑战，又衍生出好些想法。我觉得，对于贴标签的认知，已经有相当的体会，几乎可以写成一篇短的学术论文。

一开始，当然最好自卖自夸，突显经济分析的优越性。社会学里，一向对"贴标签"（stereo-typing）有负面的解读，在网络的搜索引擎输入两个关键词：贴标签、社会学，马上会跑出一堆资料。标准的说法就是："对于特定族群的人，形成先入为主的负面印象。"然而，虽然有定义，也有价值判断，社会学者却没有解释：人为什么要贴标签？贴标签的做法有多普遍？

相形之下，经济分析立场明确：贴标签，就是形成初步印象，作为举止行为的依据。因此，在面对人事物时，贴标签的做法，可以大幅降低行为成本。对于社会现象，经济学先不作价值判断，而尝试提出解释。因为，存在不一定合理，存在一定有原因。

而且，贴标签的现象，其实非常普遍，日常生活里，每一个人几乎无时无刻不在贴标签。当我走进一家便利商店，我"假设"店员了解店里商品的种类位置，能收钱找钱，这是贴标签。当我走在人行道上，迎面走过来一个行人，我"假设"他是一个平凡无奇的路人，而不是身藏匕首、准备打劫的恶汉，这也是贴标签。

一般人认为贴标签不好，是认为可能会贴错标签，损人，也可能不利己。然而，仔细想想，贴错标签，是意味着事后有机会发现对错。日常生活里，特别是在都会区里，除了工作上的同事和生活上的朋友家人之外，绝大多数的交往都是一面之缘或形同陌路——市场、便利商店、公私机关、地铁、公交车、马路、人行道等。在这些场合里，自己都要和其他人互动；既然是互动，自然要解读别人的言行举止，再作因应——"解读"，不就是赋予意义，不就是贴标签吗？而且，因为是"非人情交往"（impersonal interaction），萍水相逢，过眼如云烟，肤浅（skin-deep）

的认知有什么不好？

要进一步体会贴标签的曲折，不妨想象两种情境：自己身为公司人事主管，一天之内要筛选出新的五位员工。一种情形，是有五白位应聘者；另一种，是有十位应聘。如果是前者，时间有限，目标明确，就是要解决问题，因此，当然利用最直接简洁的学历、经历数据等，形成判断，作出决定。对于一般人来说，生活里所面对的大部分情境，不就类似这种情形吗？

如果是后者，其实更巧妙地反映出贴标签的意义。因为要立刻作出决定，因为希望作出好的判断，所以更要以有效的方式，萃取出有意义的信息。这有点像是走进一家精品店或名贵钟表行，店员会状似不经意但其实迅速无比，立刻由头到脚打量一番，然后决定因应之道。

这是以貌取人，而且当然可能犯错。然而，假设每一个走进店里的人，都有同样的概率买百万名表，就像假设迎面而来的路人，每一个人都可能是本·拉登一样。维持这种假设，不是不可能，而是要耗费可观的心力，而这么做的人显然不多。因此，绝大多数的人，都是以貌取人，一旦以貌取人犯了错，修正之道，不是不再以貌取人，而是调整以貌取人的做法，希望提升准确的刻度。

借着一个非常简单的式子，可以更明确地烘托出贴标签的意义：$X_i = \overline{X} + e_i$——X_i 是完整真实的信息；$\overline{X}$ 是平均值，表示初步印象；e_i 是误差项。如果眼前有一个外国人，平均值就是过去由书中、电影或其他经验里得到的对外国人的刻板印象，因为没有其他的信息，只好以平均值作为自己行为因应的依据。如果以后有机会再相处，就有机会多萃取一些关于这个外国人的个人信息（e_i）。

不过，由这个简单的式子，也可以作一连串的联想。日常生活里，大部分是一面之缘或非人情交往，因此没有机会萃取额外的信息。也就是，行为的依据，大部分时候是平均值（$\bar{X}$），而不是完整的信息（X_i）。即使有机会再接触，得到额外的讯息，也可能是模糊的误差项（$\bar{e}$），而不是真正的误差项（e_i）。事实上，即使长期相处，谁能保证，结褵数十年的夫妻，对自己牵手的认知是完整精确的（X_i）？换种说法，人的行为举止，都是根据各式各样的标签而来，标签有精细和粗糙之分，但也只是程度上的差别而已。

在比较抽象的层次上，还可以进一步追问：对于贴标签，为什么社会学者和一般人会有负面的评价呢？这不是在对贴标签的做法再贴上标签吗？如果对同一个人，有两种描述方式：一种，此君是喜欢贴标签的人；另一种，此君对人事物反应明快。同样的作风，因为描述方式不同，在别人脑海里就会形成不同的印象，自然而然地，在面对这个人时，会有不同的取舍。这正巧妙地反映出，贴标签的另一种作用：对人事物贴了标签（形成初步印象），通常也就隐含着赋予某种价值判断，无论是美丑是非善恶对错，甚至是中性的判断，都有助于自己行为上的因应取舍。

追根究底，贴标签是人们所发展出的一种机制，希望能更有效地面对环境。对贴标签赋予负面（而不是中性）的标签，也正反映了这种机制的运作方式。再往前推一步：人不只对环境里的人事物贴标签，人事实上也对自己贴标签！每一个人的自我形象（self–image），不就是一种简化加上美化过后的产物吗？自己心目中的自己（$\bar{X}$）和真实的自己（X_i）之间，不是有一段落差吗？而且，自己对人事物的因应取舍，不就是根据所自持的自我形象而来吗？自我形象，不也就是一种能发挥作用的机制吗？对自己和对别人贴标签，过程或许不同，目的不都是在降低行为成本，希望自求多福吗？

"大自然排斥真空"（Nature abhors a vacuum）——抽象地说，这是人们贴标签的由来！

照我的形象

自我形象（self-image），似乎是个了不起的概念。了不起，和一个人自处时的行为举止有关，再了不起，和一个人服饰仪容打扮相关。然而，人不可以貌相，对于概念，也是如此。稍稍深究，由自我形象这个概念出发，可以挥洒出相当可观的一片天地，而且，无论在理论还是实务上，都饶有兴味。

对于"投票迷思"（voting paradox）这个问题，政治学里一直争执不休。问题其实很简单，但是答案却并不是手到擒来：民主国家里，选举和投票都是常态。可是，对渺小的个人而言，投票要耗费时间心力——事前，至少要稍稍了解候选人或议题；投票当天，来回投票所、排队等候投票等，更是实质的付出。

民主社会投票率最高逾七成

然而，选举动辄牵涉数十百万人，真正由自己这一票决定胜负，机会可以说是微乎其微。那么，既然实际上无关紧要，既然要耗费具体的成本，效益为零，成本为正，何必去投票呢！理性自利的人，应该都不会去投票才是。可是，在民主社会里，投票率总有四成左右，竞争激烈的选举，投票率甚至超过七成。似乎，社会上有相当比例的人，头脑并不是很清楚，会去做损己不利人的事！

投票迷思，已经困扰着政治学者和经济学者一二十年。最理直气壮的解释是：人们之所以会投票，是基于公民意识和责任感（civic responsibility）。然而，公民责任，听起来四平八稳，却很抽象，不容易体会或捕捉。相形之下，由"自我形象"的角度切入，可能要比公民责任更有说服力。

社会上有相当比例的人，自己心目中的自我形象，大概都相去不远：自己不是叱咤风云的圣贤豪杰，但也不是杀人越货的恶棍。大致上，自己是一个正直、守法、有责任感的善良老百姓。路见不平，只要成本不太高，就愿意拔刀相助。因此，虽然自己的一票微不足道，可是只要不是刮风下雨、家里有事或有其他因素，自己愿意承担成本去投票——就像自己会按时纳税、走路不闯红灯、在公交车地铁上会让座给妇孺一样！

也就是，去投票，维持了自己的自我形象；不去投票，会让自己平日维持的自我形象受损，对自己带来不快和不豫。因此，只要投票的成本不太高，自己会基于维持自我形象的原因，而去投票。

法庭认定的自我形象

和政治学相对，自我形象的概念，在法学里是以一种间接的方式出现。很多官司，涉及当事人的责任：对于某桩意外或损失，到底当事人需不需负责？为了处理这一类问题，法学里发展出"善良管理人"和"合理注意"原则的概念——如果当事人是管理人，那么职责所在，就有可注意、当注意、应注意的事项。如果是一般人，那么基于常情常理，也有某种责任，但是要比管理人来得少。

因此，"善良管理人"原则和"合理注意"原则，都是法庭赋予当事人的责任。也就是，法庭认为，在举止行为时，管理人和一般人必须有某种"自我形象"。如果行为合于"自我形象"，当事人就无须承担法律责任；否则，对于意外或损失，就必须负起责任。

当然，法庭所认定的自我形象，和行为者（当事人）本身的认知之间，可能有一些落差。要掌握这种落差，追根究底还是要探究：一个人的自我形象，到底由何而来？是哪些因素，雕塑出一个人的自我形象？而且，由自我形象的角度，对于一个人的行为举止，是不是也有若干启示？

一个人刚出生，不像一张白纸，而像一团没有定形的面团。从小长大，由社会化的过程里，慢慢雕塑出对自己的认知。这个认知，受到客观环境和主观条件（身高体重、相貌仪表、才具能力等）的影响。当面团逐渐成形之后，就是一个人的自我形象。

性质上，自我形象当然是主观的认知，和客观（别人的）认知可能有相当的距离——说别人"臭美"，就是说别人的自我形象离现实太远。而且，自我形象不是一成不变，而可能是与时俱进——很多人到四十岁上下，才发现自己一向所设定的目标，不太可能达成。一般人年龄愈大愈实际，反映的是自我形象和真实之间的距离，逐渐缩小。

自己琢磨出自己的形象

无论如何，人的作为是根据一个参考坐标，而这个参考坐标就是人的自我形象——在街坊邻居前，通常会矜持一些；出差旅行，面对不相干的陌生人时，通常言行比较肆无忌惮。取舍之间，就和自我形象有关。原因很简单，街坊邻居以后还会相处，所以要注意街谈巷议。陌生人萍水相逢，如过眼烟云，无须介意对方的观感到底如何。

由此也可以进一步引申，年纪愈大的人，通常言行举止禁忌愈少；对其他人的耐心减少，脾气变大，容易发怒；

返老还童似的举止，被称为"老小孩"——这种现象，当然不是真的返璞归真，而是和自我形象有关。年轻时，需要在乎别人的臧否；年龄大时，来日无多，无须过于讲究自我形象，可以随心所欲——无论逾矩与否！

可见得，一个人的行为和自己心中（或脑海里）的自我形象有关。自我形象的运用，又受到成本效益的节制。当维持（或放弃）自我形象的成本低时，人多半会照自己心中的形象取舍。当这种成本上升时，也会放弃平时自持的自我形象。天晴时会去投票，刮风下雨时投票率立刻下降；对贪官污吏深恶痛绝，但是对身边的不平不义却往往三缄其口。

《圣经》里说，上帝照他的形象造人。其实，对凡夫俗子而言，是自己琢磨出自己的形象，然后再照这种形象去面对大千世界！

庸人自扰的乐趣

走到十字路口，如果刚好是红灯，很多人会停下脚步，等绿灯再过街。但是，也有少数行人，左顾右盼一下，看看有没有来车，再做打算。面对的情境相同，却有不同的因应方式，因为每个人选定了不同的游戏规则。这是很浅显的道理，卑之无甚高论。然而，换了一个场景，却成了学术上争议数十年的谜题！

1957 年，政治 / 经济学者安东尼·唐斯（Anthony Downs）出版经典著作《民主的经济分析》（*An Economic Theory of Democracy*），书中的观点之一和投票有关。唐氏认为，去投票要花费时间气力，可是影响结果的概率微乎其微。因此，具体的成本高而预期的效益低，聪明的人应该不去投票才是。然而，成熟的民主社会里，投票率总是维持在 40% 以上。他认为，这是令人困惑的谜题，称为"投票之谜（Paradox of Voting）"，后人也称之为唐氏之谜（Downs Paradox）。

对经济分析而言，这确实是令人难以理解的现象。根据经济学的基本教条，人是理性而自利的，人会自觉和不自觉地算计，追求自己的福祉，不会去做些搬石头砸自己的脚、吃力不讨好的事。既然自己的一票和胜负无关，何须多此一举去投票。大哉问既出，经济学者和政治学者蜂拥而上，各擅胜场。几十年来，不知有多少论文处理这个问题；在顶尖的学术期刊里，相关的论文屈两手而不可尽数。直到今天，这个谜题的答案还不算水落石出、众议金同。

然而，换个角度，或许更能体会到问题的切入点。三十年前，社会心理学者史丹利·米尔格拉姆（Stanley Milgram）和约翰·萨比尼（John Sabini），在地铁里做了一个有趣的实验。在纽约，特别是在布朗区（Bronx），地铁座位先到先占，是约定俗成、天经地义的事。然而，当学生假扮成乘客，向坐着的乘客说："对不起，我能不能坐你的位置？"（Excuse me，may I have your seat？）竟然有68%的乘客，让出座位。怎么解释这种现象呢？

在生活里，多的是帮别人忙的经验，譬如借个火、借过、借手机、问路等。因此，当别人开口要座位时，面对这个突如其来的问题，很多人不是想到"先到先坐"这个游戏规则，而是以"帮别人忙"这个念头来因应。"先到先坐"和"帮别人忙"，显然代表着两个不同的行为依据。

回到投票的问题上，对于许多选民而言，"影响选举结果"是去投票的可能原因之一。选情紧绷的时候，这个因素可能是重要的考虑。可是，一般情况下，其他的考虑，可能才是选民脑海里浮现的理由。对许多人而言，平日会按时缴税，驾车时会遵守交通规则，也乐于助人，在自己的心目中，对自己有着不错的"自我形象"。而选举时去投票，就符合自己的自我期许。"选举输赢"和"自我形象"，显然是影响行为不同的基准点。

维持自我形象，是为自己设下一个小的规则，画地自限；为选举输赢而投票，是在个别事情上锱铢必较。长远来看，大部分人的行为模式，是选择了前者而非后者。同样的道理，大部分人遇红灯则停，而不是每到红绿灯就东张西望。这么看来，投票之谜的答案，其实并不难找。经济／政治学者斤斤于个别选举的输赢，是走错了方向、误入歧途。然而，正因为投票之谜的刺激，使得经济／政治学者对人类的行为，有了更深刻也更平实的体会。

庸人自扰和自得其乐，可能只是一线之隔！

需求法则

儿子读小学六年级时，对高达（Gundam）很着迷，家里大大小小的模型，屈两手两脚而不可以尽数。

有天，大概是他做了什么好事，或是我荷尔蒙大量分泌，就带他到附近的小文具／玩具店，由他任选一件他喜欢的玩具。小鬼看机不可失，毫不犹豫地选了店里最贵的变形金刚，花了我大概 5000 台币。他兴冲冲地抱回家，立刻拆封动手，忙得两眼发亮。然而，天下不如意事者，十常八九，等他组装得差不多时，才发现有两个零件不见，怎么找都找不着。

我陪着儿子到店里，说明事情的原委，希望退货或补零件。谁知道，平日一向温文平和的老板，竟然翻脸变色。他不认账，而且态度蛮横，说要告就去告好了！我有点意外，就反问他：如果他自己的小孩碰到这种事，他觉得如何？他青筋暴露，反问我：为什么离店前，不检查零件是否齐全？！

还好，旁边的老板娘，不知从哪里找出一个小塑料袋，里面就是那两个零件。真相大白，老板面无表情、粗声粗气地说："对不起啦！"我没有搭腔，正在气头上！

离开之后，我心情平复，自以为是地教育小犬：老板会开玩具店，一定是小时候很迷玩具。平时和善，还会提供奖品，为附近的中小学生办四驱车、战斗陀螺等的比赛。可是，为什么突然失态，显然和那盒玩具的价格有关。卖别的玩具，大概可以赚个百十来块，可是，最贵的玩具不容易脱手，那盒玩具的利润，至少上千。因此，为了保住难见的利润，老板不惜变脸。结论是：最好不要让自己处于类似的情境，为了一点小利益而变得狰狞可笑！

后来想起这件事，当时儿子已经是高三，即将"混进"大学。和他说话时，最好引述一些学术上的专有名词，让他多识草木鸟兽之名，也让他知道我还算粗通文墨。

具体而言，玩具店老板的反应，虽然略显唐突，但是完全符合经济学第一定理"需求法则"（The Law of Demand）：当价格上升时，需求量会下降！市场里的东西涨价时，买的人少一些。如百货公司大减价和特卖时，人潮汹涌。这些都是常识，卑之无甚高论。即使是股市里价量齐扬，也可以婉转解释：对有些人而言，当股价持续上升，虽然是追涨，可是赚钱的机会增加；当赚钱的机会变便宜时，需求量增加自然合情合理。

除此之外，价量的反向关系其实无所不在：如果老师鼓励同学发言，如果老板鼓励员工说出心底的话，自然有较多的人愿意讲话——因为讲真话的价格下降了。同样的道理，如果父母让子女难以亲近自己（价格高），子女自然容易和父母疏离（需求量减少）！对文具／玩具店老板而言，维持优雅从容的成本上升时，自然容易出言不逊。诺贝尔奖得主罗纳德·科斯（Ronald Coase）尝言：经济学发展两百多年以来，唯一能屹立不摇的，也只不过是需求法则而已！需求法则隐含的价量反向变动，反映了人会受诱因的影响，人的行为有规则性，人是知道好歹的生物。还有，社会现象是由人的行为所汇集而成，了解了人的行为特质，就容易解读社会现象，这个世界是有意义的！因此，经济学看来吓人难懂，其实卑之无甚高论！

　　事件之后，我再也没有踏进过那家文具／玩具店，见了面，彼此都尴尬。小犬受过肯德基训练，EQ较高，还是不时在店里出没。见面容易就多见面，见面难过就少见面——抽象来看，这也是需求法则！

好心没好报的经济解释？

听内人讲一段往事，她心平气和，当时的我却几乎小动肝火，不只是对剧中人，而且对她。

几年前在她教的班上，有位医学院大一的学生华侨，成绩好又上进，但是家境窘迫，连学费都交不出来。她知道之后，主动拿了35000元台币给他，让他交学费，等将来有了钱再还。后来，她陆续听到，他寒暑假往返侨居地，也工读赚钱，但似乎忘了还钱这回事。偶尔在校园里碰到，他不但不主动提起，似乎还有点避着她的味道。毕业之后，他留在台湾，在中研院工作，却一直没有动静。

我对这种状态大不以为然，她心里有疙瘩，他心里一定也有疙瘩。我表示愿意写封信给他，心平气和地要他明快处理，不要在人生旅途上，留下一个挥之不去的（小）阴影。可是，文学专长的内人佛性浓厚、慈悲为怀，说什么也不告诉我这位年轻人的姓名。还说她都放下了，为什么我放不下——她喝汤不觉得烫，我在旁边起哄喊什么烧？！

其实，激发我荷尔蒙的，除了一点小小的正义感之外，主要是随之而来的好奇心：为什么借钱时百般感谢，事后却换个脸庞？这种心理上的转折，由何而来，又有什么功能？

最直接的答案，当然是此一时、彼一时，心随境转。借过钱的人都知道，无论原因如何（身上刚好没钱、需要周转、有燃眉之急等），向别人开口时心里是一种期盼和感激的情怀，别人一点头，自己铭感五内，差点没鞠躬欢呼。可是，要还钱时，即使理智上还是知道好歹，心理上却已经有微妙的转折。即使明明知道是"别人的"钱，要把钱从"自己的"口袋里掏出来，心理上却总有不情愿、排斥、勉强的成分。原因很简单，开口时是求人，还钱时是操之在我。主客易位，取舍不同，心情上的变化，只不过反映了情境上的变化。

然而，这种解释，最多只是表面上的解释。在物竞天择、漫长的演化过程里，人类所发展出的机制，无论是肉体上的五官四肢还是情绪上的爱恨情仇，都可以有功能性的解释。即使物换星移，当初的功能或许已经消失，只要略去表面的福祸考虑，总是能试着琢磨出隐藏其下的底蕴。而且，抽丝剥茧之后，一旦能得到合于情理的一家之说，总是对万物之灵的人添增新的了解！

达尔文进化论的两大铁律，呼应大自然对各式生物亘古的考验：生存和繁衍。当人类还是灵长类动物时，具有一般动物的特质：自己的资源增加，生物存活的概率上升，所以快乐一些；自己的资源减少，存活的概率下降，所以快乐减少。趋吉（快乐）避凶（不快乐），有助于生存繁衍。借钱和还钱时的心理状态，正反映了生物原始的本能。

然而，灵长类的世界里有互助互爱，却没有跨越时空的借贷。因此，处理借贷的工具，不再能依恃生物特质，而必须发展出新的机制。人类社会的伦常、道德，以及更精致严谨的律法，都是演化过程极其晚近的产物。这些新的工具，能处理较复杂的人际互动，增加人类追求福祉的空间。可是，在性质上，这些"人造物"（human artifacts）却和"生物本能"（animal spirit）之间，确有微妙而重要的差别。两者之间并存，但绝不是共存共荣或相安无事。两者之间的冲突摩擦，是考验，是常态，也是小说戏剧永远不会枯竭的泉源！

这么看来，文学家和经济学者的歧异，也只不过是漫长演化过程中，微不足道但合于情理的一个脚注罢了！

佛法与经济学

2009 年 5 月，佛光山的南屏别院落成启用，举办一系列的活动，包括多场专题演讲。我忝列受邀者之一，讲题为"经济学的世界观"。答应邀约和确定题目之后，才想到对那个场合而言，其实有一个更好的题目："经济学始于佛法式微处"。

经济分析对于人的特性，有两大假设：人是"理性的"，能思索，也会思索；人是"自利的"，会追求自己的福祉。对于这两种特质，很多人不能接受，反证之一是，人当然不是自利的——捐钱给慈善事业，宗教家普度众生，德瑞莎修女的行谊，难道是为了自己吗？

对于这些质疑，由浅入深，可以有一些平实的响应：首先，当我掏出一百块，放到地下通道出口乞丐的碗罐里时，我不会觉得自己是一个肮脏龌龊的人，而是觉得自己头顶上有一个小光环——捐钱固然有利他的成分，当然也是自利的！

其次，台湾主要的宗教团体，慈济、法鼓山、佛光山等，希望他们自己募得最多的捐款、有最多的信徒，还是其他的同修团体？当这些团体的领导者退位或过世时，会不会有继承的问题，左右手希望自己承继大统，还是另一位较适合？梵蒂冈的历史上，新教宗继位之后，不只有一位在短期内就过世、被下毒致死的传闻，从来没有停止过！

再次，以佛法而言，最高的境界是《金刚经》里的"离相无住"。用白话文简单地说，就是心如止水。可是，要宣传教义、抚慰众生，不是要用尽心思、要有分别心吗？因此，宗教活动不需要理性思维吗？

事实上，宗教活动的性质，正精致而平实地透露了"人是理性而自利的"。具体而言，一般人辛勤终日，为的是自己、自己的家小，因此，这是明显的自利。可是，有宗教情怀的人，面对的是比较艰难的抉择：到底要追求自己的福祉，还是照顾其他人的福祉？

如果经过自己的琢磨，决定以其他人的福祉为依归，那么通过自己的行为，增添其他人福祉时，同时也增添了自己的福祉，因为自己心理上得到了满足——这不就是自利吗？当然，正因为贬抑了自身的利害，而以其他人的福祉为上，所以超脱了一般人汲汲营营的心境。依世俗的道德标准来看，这是境界较高的举止，而这种心境上的差别，自然而然地反映在神态上。因此，诚心奉献的信徒，有祥和自在的面容，真是有以致之。一般人享受照顾自己／家小的乐趣，而信徒大德们则是享受照顾他人／众生的乐趣！

由此可见，经济学的理性自利，依然可以解释慈善事业和宗教团体的作为。而且，经济分析和佛法的关系，还可以更进一步地推敲。

《金刚经》的离相无住，隐含心智上一种非常特别、高超绝妙的境界：相较于外在世界的诸相，心理上能够抽离、不受羁绊，这是"离相"；相形之下，内在的世界里，心理上能不定于一、不定于彼，也不定于此，这是"无住"！在这种心如止水的状态里，没有分别心。而且，抽象来看，连"没有分别心"的意识概念都没有！

在那种不可说的境界里，一切如一，没有分别心。既然没有分别心，所以没有好坏是非善恶对错可言，也就没有选择和取舍的空间。在这种境界里，强调选择取舍的经济分析，自然无用武之处。可是，一旦离开了这种境界，有了分别心，有了差别，就有选择和取舍的必要，也就有了经济分析置喙的余地——经济学始于佛法式微处！

多年前我曾撰成一篇论文，名为"经济学对《金刚经》的阐释"（An Economic Interpretation of *The Diamond Sutra*），发表在国际学术期刊。文章没有引起经济学界或佛学界的回响，可能和两者的理性／自利都有些关系吧！

传统智慧的反智成分

每一种文化里，都有自己的传统智慧（conventional wisdoms），以格言、成语或谚语的方式，捕捉文化里沉淀累积出的结晶。

传统智能的内容和结构，本身就是一个引人入胜的研究课题。然而，有趣的是，针对某个情境，往往有好多个传统智慧都派得上用场，而且，彼此之间又经常抵触，让人无所适从。譬如，受委屈时，"吃亏就是占便宜"是传统智慧，"马善被人骑"也是传统智慧，"打掉牙和血吞"是传统智慧，"以牙还牙，以眼还眼"也是传统智慧。

显然，诸多传统智慧，有指点人生的作用，而在诸多传统智慧之间取舍，也需要相当的智慧。不过，传统智能本身也有一些问题，其中之一，是有些智慧虽然代代相传，一般人也口耳能详，可是却经不起放大镜的检验。譬如，对读完中学的人来说，约翰·穆勒《论自由》里的名言——一个人的自由，是以不侵犯他人的自由为自由——听起来理直气壮，说起来掷地有声。然而，这个历代相承、中外皆然的传统智慧，经得起检验吗？

首先，逻辑上来看，一个人自由的程度，是不侵犯他人的自由，而他人的自由，显然是不侵犯另外其他人的自由。因此，一路推论下去，等于是循环论证，说了等于没说。其次，实际的情形里，这句话也是左支右绌，吃力不讨好。

在别人的电话在线搭线偷听，完全不会影响到当事人打电话、讲电话、接电话的自由；可是，现代文明社会里，几乎都明文禁止。另一方面，我在水果摊买水果时，挑走大的、甜的、漂亮的水果，当然别人就买不到这些大的、甜的、漂亮的水果。我的行为，直接压缩了别人选择的空间；可是，现代文明社会里，却都容许这种自由。

可见得，无论是从逻辑还是实务的角度，穆勒的话都经不起检验。可是，他的空话，却经常是人们朗朗上口的名言。传统智慧的无稽，这是例子之一。例子之二，也和法律有关——"法律，是最低限度的道德"。这句话出处不详，引述时是属于"先贤云"或"西哲有言"之类。无论出处如何，这个传统智慧成立吗？

由语意上揣摩，"法律是最低的道德"，指的是道德像是一道光谱，有一个区间。法律所界定出的，是道德的最低点。只要人们不跨越这个最低界限，既符合道德，也不违法。然而，在真实的世界里，实际情况是如何呢？

约好晚上八点钟在戏院前碰面，一起看电影，结果爽约；走在人行道上，被摩登仕女的高跟鞋一脚踩上。这些行为，法律通常都不处理，也就是说，这么做并不违法。然而，一般社会大众，却不会容许这些事经常发生。还有，法律明确规定，申报所得税时，无心算错不罚，有意错算要罚款。可是，无心和有心，只是一线之隔。如果很多人都"无心"算错，税务体系事实上不能正常运作。因此，即使法律有宽容的空间，现代社会能正常运转，是因为绝大多数人，是以比法律更高和更严的道德尺度节制自己的行为。

可见得，"法律是最低的道德"，又是一则经不起检验的传统智慧。那么，为什么人们还笃信不移、口耳相传呢？这不等于是以讹传讹、在沙滩上筑城、在流沙上漫步吗？然而，由另外一个角度来看，这些传统智慧流传已久，社会并没有分崩离析。事实上，很多人以这些传统智慧自持，很多学说理论更以这些传统智慧为基础。这到底是怎么一回事？

其实，追根究底，传统智慧，只能算是一种看法、一点建议、一项提醒。既然只是看法、建议或提醒，就可能对也可能错，用"智慧"这个词来概括，稍稍沉重了一些。不过，重要的是，在某些时点上，对某些人而言，传统智慧能发挥作用。即使是"错"，只要有济于事，就有存在的价值。也就是，有时候会抓到老鼠的猫，就是有用的猫，管它黑白对错。事实上，传统智慧之所以传之久远，本身正是最有力的说辞。如果无济于事，谁会费心记诵相传？

更深刻的意义，是涉及人对环境的认知。因为环境错综复杂、现象变幻不已，所以真相可能未易明。但是，人需要自处、需要因应环境。因此，在真相不明之前，先作一些假设性的认知，而后，这些认知成为脑海里的"信念"（beliefs）。在面对环境时，人会根据脑海里的"信念"应对，而不见得是根据"事实"（facts）来因应，因为可能没有必要、不值得，甚至不可能掌握事实。

只要稍稍揣摩，就可以发现，在"事实—信念"（fact-belief）的光谱上，人们相当程度地依赖信念这一端。"民主比独裁好"的说法，是信念，因为有很多时候、在很多地方，这不是事实。但是，21世纪初，无论所处政治体制如何，这个信念为大多数人所接受。同样的，善有善报、好人出头、天下没有不是的父母、只要付出就有收获，等等，其实都是信念，而未必是事实。但是，却都为一般人所信奉，并且据以自处行事。推展到极致，即使是科学上所认定的"事实"，也只是大多数科学家共同接受、不挑战、没有异议而已——哥白尼、牛顿、爱因斯坦，都是众所周知的例子！

当然，这也正意味着，对于一些人云亦云的信念（传统智慧），值得仔细检验。特别是涉及公共政策时，更是如此。穆勒的自由论、道德和法律的关系，稍稍深究，都经不起逻辑和"事实"的检验，也就不值得作为规划公共政策的基础。

　　关于诸多传统智慧，有没有更抽象的传统智慧能一以贯之，无论是基于信念还是事实？

不平则鸣

十年前，台北市政府人事处，曾邀请我到台北市政府作专题演讲。演讲将在最大的礼堂举行，聆听的市府员工可能有一千人。

主办单位希望我提供讲题、大纲、个人基本数据。而且，也言明演讲的待遇：两个小时，演讲费新台币4500元。我一看这个报酬，心里马上有种预感——很可能，这又将是一桩好事变坏事！好事，不只是演讲的邀约，而是背后的曲折：多年前，在学校的推广教育班上，我教了好几个班，学员都是台北市政府中高阶主管。其中有一位在人事单位服务，他念兹在兹，一直希望弘扬我的理念，"以拯救不可救药的市府员工于万一"。

最近两年，他步步高升。主管的业务之一，就是举办市府员工讲座，邀请各方面学者专家莅临。为了慎重起见，事先还发函给市府各单位的员工，请大家票选最想邀请的来宾。在这位学生／朋友的运筹帷幄——白话文是，在他联络亲朋好友，以及我教过的众学生——之下，我得票超过四千，被选为"财经类"第一人选！

即使这是人工选举，有拉票（而不只是嫌疑）的假象，我还是觉得有意义。能宣扬经济分析的福音，我欣然而从，这是好事！然而，好事变坏事的转折，就在4500元新台币的演讲费。

坦白说，我不是非常在乎钱的人。可是，主办单位是台北市政府，事前还大费周章、大张旗鼓、煞有介事地举行票选，将在最大的礼堂举行，将有一千位员工聆听。为时两个小时，而演讲费只有区区的4500元新台币。我觉得，这不只是对演讲者的侮辱，也是对市府员工的侮辱——一千位市府同仁，聆听两小时的演讲，每人付费4.5元新台币！

我告诉那位学生/朋友，我不会接受这种侮辱。我希望，演讲费能提高到新台币1万元。而且，不只是为我而已，而是为以后每一位受邀请的来宾着想。当然，为了不让他为难，我也表明替代方案——如果维持4500元演讲费，那么我要求限制聆听人数，只接受80位市府同仁。（此前两周，我才应邀在音响协会的年会演讲。一个小时左右，30位会员，演讲费8000元新台币。）他表示：演讲费的标准，是由主办单位所定，他能体会我的感受，将会签公文专案处理……

后来想想，自己路见不平、不平则鸣的记录，还颇有一些趣味。多年前，我到邮局寄东西，先在邮件上贴好邮票，窗口的小姐往秤上一放说："超重"，要加邮资。我看着指针，不是明明没有超重吗？她接下来说的那句话，我终生难忘："现在没超重，等贴上邮票就超重了！"我没搭话，向旁边窗口的小姐借了把剪刀，剪去信封的一角，掉头而去。事后，我把这段经历写成短文，在报纸副刊发表，再把剪报寄给邮政单位参考。邮局从善如流，以后做法上有了弹性：超重5克至10克，不需另加邮资！

关于邮局，还有另外一桩曲折。台湾的邮局除了邮务之外，还有储金划拨的业务。划拨账户有点像是银行的支票账户，可以开支票。这种账户也付利息，但是利息极低。

有一次我意外发现，计算利息的方式极不合理：每个月的利息，不是以户头里的平均余额计算，而是以当月"最低余额"为准。因此，如果一个月里每天的余额都是一百万元，最后一天提领剩下一千块，就以一千块为准，核算利息——这当然不合理！

因缘际会，我受邀到邮政储金业务局演讲。台下第一排正中间，坐的就是主管储汇业务的局长——后来才知道，他是台大经济系毕业的学长。天时地利人和，我当然直指其非。邮局后来也就改弦更张，我不知道是不是还掺杂一些学长学弟的特殊情谊！

邮电不分家，另一桩麻烦，就和电话有关。几年前，电信局在我的住家附近施工，进行了好几天。我打电话问进度，顺便问：施工期间，电话不通，费用怎么算？答复是：施工超过三天，就停止收基本费。我立刻反映：为什么不是一施工没有服务，就停止计费？后来，电信局果然调整做法，顺应民意。

还有，我曾到"考试院"，批改公务人员考试的卷子。改一份考卷，得新台币 38 元。因为待遇不佳，所以很多人红笔如飞——同事自嘲，这可是"草菅人命"！我把所见所思写成评论，在报章披露，再把文章的剪报，寄给当时的"考选部长"王作荣老师。王老师非常明快，立刻把阅卷费提高为每份新台币 50 元。他认为，38 元新台币的阅卷费，"连擦一双皮鞋都不够"！从此以后，世世代代的阅卷老师，都因此而受惠——考生是否也受惠，倒是不得而知！

回想这些曲折，并不是突显我的贡献。这些兴革，都和国计民生无关，而只是一些枝微末节的小事。我自己知道得很清楚，这些不平之鸣，对我来说都只是举手之劳而已。如果打抱不平要耗费大量的时间和精神，我想我会踌躇再三——成本低的事，容易做，好坏皆然。而且，我不平而鸣的记录，当然不只这几桩。很多时候，抗议和诤言只是随风而逝，没有掀起半点涟漪——影响社会变迁的，有诸多因素，一时一地的疙瘩，只是契机而已，未必会立竿见影。

几天之后，我接到朋友／学生的电话，主办单位不同意提高演讲费，也不愿意限制听讲人数，所以演讲的邀约就此打住。他的一片好心善意，以及幕前幕后的合纵连横，等于是做了白工。我自以为是的鸣放，也就无疾而终。市政府员工接受经济分析的福音，可能就此遥遥无期。

　　不平，则鸣。至于鸣了之后如何，那当然是另外一回事了！

理智和情感之间

18世纪哲学家大卫·休谟（David Hume，1711—1776）尝言："理智是情感的奴隶！"（Reason is a slave of passions.）因此，人不只是情感的动物，人的理智还役于各种感情。人的自主性不高，大概就是跟着感觉走！可是，人是万物之灵，经过千万年物竞天择、适者生存的考验，在上帝之手的雕琢之下，真会成为休谟口中的可怜模样吗？

检验理智和情感/情绪的关系，不妨从稍远但熟悉的场景开始。约会恋爱过的人都知道，第一次约会和第十次约会时，表情动作、遣词用字、肢体语言等，都不大相同。第一次正襟危坐、抿嘴浅笑，第十次轻松自在、开口放声大笑。为什么？

一般人的解释，是初次不熟拘谨些。经济学者一言以蔽之：第一次约会犯错，可能就不会有第十次约会。因此，第一次犯错的成本高，成本高的事最好少做。换句话说，第一次拘谨小心，第十次自然自在，背后都有成本的考虑。人对情绪/情感的运用，显然并不是跟着感觉走，而是有自觉或不自觉的算计！

其次，开过车和坐过车的人都知道，车子有手排挡和自动排挡两种设计。无论是手排挡还是自动排挡，重点是"换挡"（gear shifting）——不同的路面状况，运用不同的挡次，以充分发挥机械的作用。那么，车子换挡，人在情绪的运用上，有没有换挡的现象呢？

在公司机关里上班时，面对自己的上司同僚部属，是一副脸孔表情；下了班和朋友聚会小酌，是另一副身段容貌；回到温暖的家，和家人相处，又是另一种心情模样。抽象来看，这不正表示情感上的换挡吗？面对不同的情境，不自觉地调整挡次。兵来将挡，应付裕如，自求多福。可见得，人对情绪/情感的运用，大有可以琢磨深究之处！

换一个角度着眼，在漫长的演化过程里，如果有两种竞争组合：一种是一直保持理智，另一种是先理智，但是换挡变为情感/情绪。那么，"理智—理智"和"理智—情感"这两种组合之间，哪一种竞争的能力较强，生存繁衍的机会较大呢？

直觉上看，"理智—理智"这种竞争组合，或许有较高的存活率，因为一直能以理性思维，应对周遭的一切。然而，稍稍斟酌就会发现，未必如此。如果把"理智—情感"再进一步细分，可以想象两种状况：一种，是不自觉地换挡，由理智变成情绪；另外一种，是由当事人有意识、自主地换挡。后面这种情形，是表示在理智和情感之间，当事人可以随心所欲地自由来回和出入——这不就是立法委员在立法院的表现吗？摄影机的镜头灯亮时，慷慨激昂、手舞足蹈、你推我挤、对官员颐气指使。一旦镜头灯灭，马上是另一种嘴脸身段，满脸堆笑、握手言欢、向官员请托关说！在人生的舞台上，能在理智情感之间自由游走、收发自如的人，不是存活率较高吗？

1988年，经济学者弗兰克出版了《理智驾驭下的情绪》。这个书名，当然意有所指，刚好和休谟的名言唱反调。

那么，理智和情感之间的关系，到底是休谟说得好，还是弗兰克说得对呢？这个问题很重要，值得慎重以对。不过，在思索和一探究竟之前，不妨先松弛一下。充分休息过后，再武装精神，一丝不苟、一点儿不大意地全力以赴！

你让乞丐怎么办？

教书的趣味之一，是平淡之中总隐藏着不确定性。不知道在哪一秒钟，自己或学生会迸出令人惊喜的念头或题材。

忘了讨论哪个主题，有位清爽纯真的大一女生，突如其来地说了这个亲身经历：走过台大校门前的地下通道时，有时会看到乞丐托钵行乞。她总是毫不犹豫地掏出 50 块钱给乞丐，无论老少。可是，有时候看到的不是单纯的乞丐，而是卖口香糖的老人／残障人士／可怜的人。

既然是卖口香糖，所以是自食其力，即使身份上有某种难以辨明的糅合。对于这种力争上游、不只是伸手要钱的人，当然更值得支持鼓励才是。可是，说也奇怪，每次看到这种"口香糖乞丐"，她总是踌躇再三，反而不容易由口袋里掏出钱来！

她自己觉得很怪，可是也说不出个所以然。我听了兴味盎然，好奇心大起，而且直觉上判定，这种心理可能和性别差异有关，虽然面对同样的情境，但是男女有别。我立刻请同学举手验证，果不其然：对于乞丐和口香糖乞丐，大部分男生觉得没有什么差别，可是，大部分女生，却都有同样的犹豫和迟疑！这到底是怎么回事？

强调男女性情上的差异，有点政治不正确，又有点掉入刻板印象的泥沼。但是，依我个人有限的经验和智慧，大体上而言，男女确实有一些差别。用白话文来表示，男生神经线比较粗，女生心思比较敏感细致。因此，最直截了当的解释，就是（一般而言）男生眼里，空手行乞的乞丐和卖口香糖的，是属于同一类，都需要同情和善心善行。

可是，女生则不然。面对乞丐时，彼此身份泾渭分明，所以可以自然而然、从容自在地掏钱济助施舍。一旦面对卖口香糖的人，彼此的角色却起了微妙的转折。对心思细密的女生而言，"卖口香糖的人"和"乞丐"是两类人。面对乞丐，可以有同情悲悯的表情和肢体语言；面对卖口香糖的人，却是面对一个从事正常买卖的人，不容许有丝毫同情悲悯的表情。因此，当这两种身份同时成立时，女生们就有点困惑犹豫。她们担心，自己神情举止上，不自觉地透露出，自己面对的是一个乞丐，而这种表情举止，会伤害到一个正常的小贩。她们想的比男生多，也就多了一层顾虑。

另外一种解释，少一些曲折，但是结果相同。当女生面对"口香糖乞丐"时，眼中立刻区分出两种身份：乞丐和卖口香糖的小贩。可是，眼前小贩所卖的口香糖，通常比较贵，如果要买口香糖的话，可以直接到超商或便利商店去。因此，女生们面对了两种考虑：帮助别人（施舍）、照顾自己（省钱）。两种考虑刚好直接冲突，因此令人难以抉择。

无论是哪一种原因或是两者的某种组合，心思缜密的女生，因为想的比男生多，所以行为上反而斟酌迟疑；男生们头脑简单，想的少，行为上反而利落明快。然而，口香糖乞丐的故事，固然反映了男女的差别，只不过是故事比较简单的部分。比较麻烦的，是乞丐要怎么自处呢？空手行乞的人，以乞丐的身份得到济助；可是，卖口香糖的人自力更生、不食嗟来之食，却反而愈益反损、搬石头砸自己的脚。因此，是否要做市场区隔，在女生多的地方干脆两手空空，在男生多的地方试着力争上游？

要当一个称职的乞丐，得到最多的收入，除了有经济学的概念之外，似乎也要有心理学的常识？！

问情是何物？

多年前，在台大推广教育的班上，我教过许多中高阶的公务员。其中一位，是军人退伍转任的周科长／营长。军旅生涯里，他曾经当过工兵营营长，负责处理爆破火药等业务，几次经历生死一瞬间的险境。我一直记得他，因为我一直记得他告诉我的故事。

他望子成龙，所以儿子高中时，就送到澳大利亚读书。寒暑假才回台湾，回家。孩子小时，周营长采取斯巴达式军事教育，孩子对父亲非常敬畏。后来孩子读大学，长得已经比爸爸高大，可是爸爸说话时，孩子还是要立正站好，听训。周营长说，其实他很想念远游的儿子，看到儿子时，很想把他揽到怀里抱抱。可是，多年来的矜持，使他从来没有真的那么做。当时听他娓娓道来，觉得很动人、很特别。可是，却觉得有点距离，没有感同身受的情怀。

2003年1月到7月，我应邀到香港城市大学客座，儿子同行，安排在英皇佐治五世学校就读。谁也没想到，中国大陆暴发震惊世界的 SARS，牵连香港。当时，风声鹤唳，人人自危，地铁上一声咳嗽，马上引来惊惧和怒目而视的眼光。刚好，儿子小学清明节放长假，就决定让他回台湾。我送他到机场，他自己搭飞机。出关时，我把他搂起来，用力一抱，航空公司的人陪着，他身上挂个牌子，边走边回头。

我回到学校，继续教学研究，工作如常。可是，SARS 危机未除，动弹不得。有一段时间，很想念儿子，又不知道什么时候才能回台湾。脑海里出现一种情境，自己好像坐了艘宇宙飞船，离开地球，愈离愈远，可能从此不回头，再也看不到儿子。心情上，有种苍凉悲凄的感觉。当时，才稍稍体会到周营长的心境。

稍后，SARS 危机解除，大地回春，缤纷依旧。因缘际会，在地铁上认识刘炯朗校长。当时刘校长刚从台湾清华大学退休，也在城市大学客座。他满头白发，笑时童颜毕露，像小学的男生一般。

不久，刘校长、何炳基、张隆溪和我四人，约好在校园内九楼的餐厅碰面，吃饭喝酒聊天。见面时，我告诉刘校长，已经看完他送我的小书《爱上层楼》。这是他校长任内的随笔，还有婚丧喜庆的致辞、为朋友同事名字所作的对联——两个例子，为秘书"香铃"的对联是：偷香应是惜香客，解铃还需系铃人；和友人"月纯"讲电话时，脱口而出的对联：月经不来，纯属偶然！

我说，书中我最喜欢的一篇，是他在刘太夫人寿宴上的祝词。刘家几兄弟，个个出类拔萃："行政院"副院长刘兆玄、"中央"大学校长刘兆汉，等等。刘校长一一回溯，结识刘氏昆仲的经过。认识各个兄弟时，总是好奇：哪个母亲这么有福气，有这么一位好儿子。今天在寿宴上见到刘太夫人，才恍然大悟，其实是刘氏兄弟好福气，有这么一位好母亲！

刘校长闻言大乐，高喊一声"爽"！然后说：那一段祝词，他福至心灵，一气呵成，也是他自己最得意的一篇。既然所见略同，有喜获知音、相见恨晚的情怀，年龄就不是问题，喝酒也就一发不可收拾。餐后，刘校长回研究室小睡，一觉醒来已是凌晨三点，考虑安全，决定不回家，留下来早上帮工友开门。我歪歪倒倒，走回宿舍，摔破眼镜。根据野史，好事之徒的版本是：我勉强走到宿舍门口，不胜酒力，就在门前睡了一晚，钥匙插在门上。根据正史，我的版本是：回到房里，倒头便睡，只是没脱衣裤而已！

当晚在场的，还有何炘基，时任财务金融系讲座教授，后任城市大学副校长，朋友直呼其英文名。炘基是我到香港才认识的朋友，举手投足，谦谦君子，除了学术论著之外，他写散文、画山水画、收藏古董、养猫。系里的走廊，挂着几件他的巨幅山水画；系门口外，摆着他借展的古董。

我看不懂山水画，也看不懂古董，但是看得懂散文。印象最深的，是他四五百字的一篇短文，描述幼时喝汽水的情景：当时物资匮乏，谋生不易，只有在节庆等特殊日子，才有汽水喝。家里开汽水时，好像是一个仪式：爸爸先倒一杯给自己，再倒一杯给妈妈，然后是姐姐，最后才是小童炘基。由爸爸手中接过汽水时，好像在掌声欢呼中走上讲台，接受颁奖。文章虽短，故事简单，但是我觉得很纯真感人，触人心弦，唤起自己类似的回忆。

无论如何，前面这几则故事，都和情感或情绪有关：周营长想儿子、我想儿子、刘校长高声喊爽、何炘基缅怀汽水。涉及的情怀不同，情绪起伏却不分轩轾。经济学家探讨完商品劳务牛奶面包之后，也开始对情绪产生兴趣。利用经济分析的架构，问情是何物。这方面的研究方兴未艾，而且已经有许多智慧结晶。

人的各种情绪，是一种机制（mechanism），能发挥某些作用。既然是机制，也就是一种工具（tool）。譬如，刘校长喊爽过后，满心欢喜，就酒逢知己；男女一见钟情，荷尔蒙大量分泌，就决定厮守终生。情绪一旦换挡，行为跟着改变——情绪，事实上是导引行为的游戏规则（a stopping rule）。更重要的是，看起来情绪在处理已经发生的事，其实是为了未来。夏虫不可以语冰，是因为夏天的虫，不需要具备"冰"这个概念。同样的道理，如果没有未来，何需具备懊恼、悔恨、气愤等情怀。

关于情绪的研究，正渐渐由象牙塔里走向塔外。何炘基在《信报》的专栏里，多次处理情绪和感情的各个面向，论述有据之外，妙趣横生，发人深省。特别值得一提的是，炘基除了经济学家的身份之外，还是散文家、画家、古董收藏家。因此，除了经济学者所擅长的分析之外，他还有极其特别的细腻、过人的深刻。后来文章集结成书，更是大有可观，可喜可贺。

　　他对情绪的好奇和探索，可能和小时候喝汽水引发的情绪起伏有关！

市场真相一二三

我和朋友合作，写过一本经济学教科书，名为《经济学2000：跨世纪新趋势》。出版之后，一般反应还好，销路差强人意。

书出版后不久，我接到一封信。写信的这位朋友表明自己在大学教经济学，对书中的论点提出质疑。书里关于"市场"的部分章节，由我执笔，为了让理论和实务结合，我举的例子之一是：百货公司和夜市摊贩，可能卖同样的东西，在这两个市场里，"名目价格"通常不同。但是，考虑产品质量、卖场设施气氛、售后服务等，两者的"实质价格"可能很接近。

来信的老师指出：经济学里的市场，是根据"产品"来界定，而不是以"场所"来区分。因此，有小麦、黄豆、日光灯、摩托车的市场。以百货公司和夜市来界定两个市场，是不恰当的做法。看了信，我愣了好几分钟——坦白说，过去从来没有意识到，以产品和场所界定市场的差别。

我仔细琢磨了一阵，才想清楚事情的曲折。那位老师说的一丝不差，绝大多数经济学教科书里，是以"产品"来界定市场。可是，在真实的世界里，市场通常是指场所。所以，我们的说法不同，但是，都对。不过，如果以教科书为标杆，而不以真实世界为依据，经济学（者）可是会坐实不辨菽麦、在象牙塔里做梦的指控。

那么，到底"市场"内涵是什么呢？怎么才能平实正确地解读"市场"这个概念呢？这些问题，似乎只是名词之争、句读之学。其实，不然！

最基本的，无论是以物品还是场所来界定，"市场"这个概念，不只适用商品劳务等经济活动。诺贝尔奖得主科斯曾发表一篇论文，名为"商品的市场和言论的市场"（The market for goods and the market for ideas）。他认为，报纸杂志、电视书刊等，提供了言论的市场，这种市场和牛奶面包的市场，在本质上并无不同。

在商品的市场里，生产者希望借着各种手段，争取垄断的地位，享受特殊利益。同样的，报纸杂志等的生产者，也希望取得特殊地位，独享利润。农民渔民是利益团体，出版业和媒体也是利益团体。

稍微抽象一点，利用"市场"的概念，也可以分析政治和法律问题。就政治领域而言，直接民主的发展，近二三十年来风起云涌，沛然莫之能御。在美国的州和郡县这一级，民众可以经由联署，主动提出法案，这是创制。

或者，议会通过的重要法案，要由民众投票认可，这是复决。根据实证资料，经济学者发现：采取创制和复决的辖区里，政府的预算规模较小；公共支出里，由基层政府提供的服务较多；使用者付费的比例较高，所得税等税收的比例较低。而且，整体而言，这些辖区里的民众，政治参与度较高，自我感觉较良好！

在法学领域里，也有表面上不同但本质上类似的现象。研究发现，美国允许妇女堕胎之后，犯罪率下降——不允许堕胎，勉强生下的子女，社会经济条件较弱。长大之后，容易落入犯罪的泥沼。还有，离婚法规变宽松之后，家庭暴力（特别是杀害配偶）的案件大幅减少——不允许离婚，怨偶没有出路，只好找自己出气，或者找孩子和配偶出气！

这些政治现象和法学研究，似乎和"市场"的概念八竿子打不着，其实正是市场概念的延伸和应用。表面上看，市场是指消费者通过买卖，得到自己希望拥有的产品劳务。然而，这只是消极的意义，积极的意义，是隐含着消费者可以选择，有选择的自由和空间——如果是独占垄断，只能向一家公司购买产品劳务，虽然也是买卖，却违反市场和选择的基本精神。

因此，言论的"市场"，是以市场为比喻；而直接民主、堕胎的自由、离婚规定松绑等，都隐含了自由的增长、选择空间的扩充——过去只有一种方式或工具，现在至少多了一种选择。个人的福祉上升，整个社会也因而更安和乐利一些。可见得，"市场"的概念，确实有很广泛的运用空间。

事实上，对"市场"这个概念最直接的肯定，就是真实世界里活生生、赤裸裸的诸多事例：市场最发达的地区，往往也正是所得较高、民众生活质量较高的地区——在市场发达的社会，一个人可以选择远离喧嚣、离世索居；在市场不发达的区域，人却没有选择拥有电话、互联网、救护车、道路设施和大众运输的自由。

约翰·凯（John Kay）的《市场真相》（*The Truths about Markets*），就是从各种面向，烘托市场诸多具体抽象、明白隐晦的意义。凯是经济学者，但是长期在管理学院任教，对实务娴熟。大致上来说，书中引述的故事要比经济学者的故事生动有趣、辛辣深刻。其实，凯本身的经历，也巧妙地呼应市场的意义。

牛津大学，有八百多年的历史，在欧洲乃至于西方文明上，都有重要的地位。因为历史悠久，一切以光荣高贵的传统为依归。相对的，对于新生事物，往往排斥贬抑。因此，在牛津大学成立管理学院，就经过冗长艰辛的过程。

好不容易，先是叙利亚富商赛义德捐赠大笔金钱，好几年之后，牛津终于成立"赛义德管理学院"（Said Business School）。凯，就是学院的筹办人和首任院长。然而，他终究受不了一再的挫折，辞职了事。他把前后经过和无尽委曲，以长文发表在《展望》（*Prospect*）月刊。文中有一句话，令人玩味再三：在古老的牛津，似乎坚持这么一个信念——任何事，如果没有前例，做了之后会成为头一遭，那么这件事就不该做！

显然，在牛津／英国，这个工业革命和资本主义的发源地，这个亚当·斯密《国富论》和经济学的诞生地，言论／学科的市场也还有增长扩充的空间！

美丽人生？

　　身为（不完全称职的）经济学者，请客吃饭时总是有人问：金融海啸何时了？投资好康何处找？等等。我总是打哈哈，顾左右而言他，如果一再追问，我会讲两个故事。

　　首先，有一位同事好友几年前动了凡心，打算结婚，先期作业是买股票，希望赚点钱，婚礼可以办得体面些，婚后家里地位也高一点。所以，他买了一堆台湾"国票"的股票，买时一股40余元，一个月后，"国票"百亿弊案爆发，股票一跌不可收拾。他结婚时，已经是一股13元左右。其次，我帮书商写了台湾高中课本经济学的部分，儿子的学校也采用这个版本，老师希望我能到班上，为同学们开示解惑。但是，报纸上登了一位女老师编的参考资料和复习题，我发现题目很难，不知道该如何作答，当然也就不敢去儿子班上。还是留在大学里，误他人子弟比较安全！

　　通常，这两个故事已经够用，万一碰上还不死心的朋友，我只好再追加一个"安可"：若干年前，我在高雄买了办公大楼的一个单位，单价 27 万每平方米。买了之后，虽然房市一直涨，但我买的这个单元已经跌到每平方米 7 万元左右——有些树往上长，有些树往下扎根。树是如此，房价也是如此！

因此，问经济学者投资经济等问题，可能比问道于盲还糟。但是，最近经济恶化，吃饭时脸色凝重的人愈来愈多，失眠比我严重的人比比皆是。因此，基于小小的社会责任感和快消失不见的职业道德，我觉得有几点值得敝帚自珍、稍微野人献曝。

首先，不问外在环境如何，先自我检视一下。追根究底，人只是一种生物，因此受到大自然亘古的考验：物竞天择，适者生存。能让自己快乐些，这个生物存活的概率自然高一些。而让自己快乐的方式之一，是降低目标，对自己好一些。某种程度的游戏人间或荒诞不经，对别人好，对自己更好。换句话说，"一箪食，一瓢饮"、知足常乐，白话文就是：死猪不怕开水烫，当阿甘阿 Q 比当阿扁好！

其次，人是生物，人也是环境的动物。在现代社会里，经济起伏加大，除了公部门之外，终身雇佣制是例外而不是常态。在浮动不居的环境里，一技之长的内涵已经不同，与其重视某一个专业的特殊知识或技能，不如重视更根本的：好的工作习惯、敬业的精神、乐于学习的态度。只要核心的部分扎实，存活竞争的能力自然较高。

再次，前两点主要是关于自己，除此之外，对环境的了解当然重要。农业时代自给自足、帝力于我何有哉的日子，早已一去而不复返。现代社会里，经济活动唇齿相依、环环相扣。而且，通过贸易，地球村的身影已经悄然成形。这意味着，远在天边的暴风雪，转眼之间可能就在眼前肆虐。因此，别人、别的市场、别的国家社会所造成的问题，可以给自己带来巨大的麻烦；反之，亦然。因此，心理上最好能有所准备，即使是别人惹的麻烦，自己也可能要付出代价。（别人努力，而自己坐享其成的部分，通常不会感觉明显。）"权利—责任"的观念，已经迥异于往昔，这也正呼应了前面的论点：加强自己核心部分的能力，准备承担各式各样、奇奇怪怪的考验！

经济学号称是忧郁的科学（a dismal science），在忧郁的时代里，也许刚好能呼应社会的脉动。当然，对于经济学者的意见，无需太过认真——想想文章一开始的例子！

日月潭奇景

最近看到和听到几桩异象，虽然互不相关，但是进入脑际之后，不时地翻搅萦绕。与其纠缠不解，不如落笔记下，并且试着解释一二。

台大男厕奇景，是我亲眼目睹。年前在研究室看漫画，中场休息时上"一号"，瞥见一个门下有双球鞋的后跟，我觉得有点奇怪，出恭坐时应该露出球鞋前跟才是。尿尿前后，完全听不到那位老兄（应该是学生哥）的动静。离去时，我好奇地弯腰一看，发现竟然有两双男生大球鞋！

学测奇景，是儿子的转述。在这场攸关大学入学的考试里，考英文、数学、自然等科时，有好些考生拿到考卷后，竟然就趴在桌子上睡觉，等坐满了规定的时间，才交白卷离场！而且，据有些同考场的考生表示，这是他们第一次写英文作文。

日月潭奇景，是南投仁爱乡一修车厂老板的见闻。我和家人去清静农场的路上，车子抛锚，推到修车厂，检查后老板打电话给零件商。我们泡茶、闲聊、吃槟榔，边等报价时，他描述日月潭的新景观：最近有很多穿西装的人，在潭边钓鱼。

看到或听到这些异象时，情感和理智都受到刺激。情绪上，"四脚兽"有点黑色幽默，但不完全令人意外。多年前，男生宿舍里的澡堂，就有"四脚兽"出没了。只不过，现在换个场所，换个性别组合而已。学测奇景，令人难过。这些即将或刚刚满十八岁的年轻子弟，在教育资源最丰饶的台北市，竟然自我放弃到这么光天化日、大摇大摆的地步。日月潭的奇景，先是令人忍不住发笑，继则令人悲切同情。经济不景气，裁员潮不分西东，为了掩饰无业的窘况，每天依然穿西装准时出门，然后到潭边垂钓。傍晚时间，再拖着疲惫的身躯和心灵回家。生活里必须装卸两种面具，心情上想来是杯弓蛇影，令人有感同身受、伤及股肱的情怀！

情绪上直觉的反应过后，是理智上比较平实的思维。男厕所的景象，其实无须小题大做，这只是两个大男孩，荷尔蒙突然分泌。根据美国学者的观察，"性"已经逐渐褪去繁衍的功能，而成为纯粹娱乐的活动（recreational activity）。在男厕里从事娱乐性活动，只嫌空间小了些。

日月潭的景观，令人心动和心悸，但是也无须过虑。全球经济衰退的浪潮下，这不是一时一地的现象。和个人能力高低或选择好坏，都没有太大的关联。一旦景气好转，渔具自然会收到车后厢里，西装领带会再在办公室里出现。

学测的景象，始则让人心惊，稍一琢磨，更是让人叹息。年轻孩子自暴自弃，固然可以有很多说辞：三百六十行，各有发光发热的舞台；不走升学路线，何必自欺欺人；被父母师长所逼，读书不是自己的选择；作为现代社会的公民，国中阶段的英文数学已经够用，不必自寻烦恼，等等。然而，交白卷、趴在桌上、没写过英文作文所反映的，不只是如此。在学测时这么做的年轻人，想必在学校考试时也是如此，或更糟。他们这么做，不觉得丢脸或不自在，一方面意味着环境里有宽容他们这么做的条件；另一方面，也意味着这些年轻人已经养成某种习性，而这种习性是和专业精神、敬业态度、工作伦理等背道而驰的！以小见大，这是台湾下一代子弟的历史共业——由历史因素所造成，来得慢，去得也慢！

男厕景观，永远不会消失，无须担心；日月潭奇景，是阶段性的现象，也无须多虑。真正令人驻足沉思的，是学测时的景象。如果学测的异象愈来愈普遍，日月潭奇景出现的概率会增高，而穿西装钓鱼的人想必也会愈来愈多！

哪种游戏规则较好

诺贝尔奖得主布坎南尝言，人生如同一种竞技，而这场游戏的规则其实变化很多。有些规则，是让技巧最好的人胜出；有的规则，则是趣味为上，让老手新手赢的机会一样大。大学联考，无疑是台湾社会重要的赛局之一。游戏的规则，又是如何呢？因缘际会，我刚好有机会近距离接触，也颇有一些体会。

儿子考完联考，玩得不见踪影。不过，他告诉我，化学有道单选题送分，答 A 和 C 的都对。可是，他作答时，认为 A 和 C 的逻辑相同，如果 A 对，C 也对。既然是单选题，不可能有两个答案，因此，他选了另外两个答案之一，反而不能加分。大考中心的做法，看起来合理，其实大有争议。因为，考生里有三类，第一类考生不知道对错，选了 B 或 D；第二类考生头脑清楚，选了 A 或 C；第三类是小犬这种小众，看清 A 和 C 逻辑相同，同时成立，所以选了另外的选项。结果，想得多、想得较严谨的人，反而受到惩罚！

我听了兴味盎然，决定略尽绵薄。打电话到大考中心，表明考生家长身份。接电话的秘书很客气明快，表示半天之内就会响应。半天不到，有了响应，共有两点：第一，面对那道考题，考生应该选 A 或 C，或 A 和 C 都选；第二，过去的处置都是如此，只有对的答案才给分，我听了大不以为然。首先，既然是单选题，要考生同时选 A 和 C，不是要考生承担非常重大的责任吗？也就是，难道考生所承担的责任，要比出题老师的责任更重吗？以后的考生，在答单选题时，难道要考虑两个答案都对的可能性吗？其次，过去如何，并不表示现在就该如何。过去我们都上私塾，难道现在也如此吗？我认为，无论考生如何作答，这题应该全部送分，利用其他众多的考题，来分出考生的高下。

我向秘书表示，这是一个文明的社会，处理事情该合于情理，如果下午五点之前，没有得到（我认为）合理的答复，我会联系媒体，请媒体出面报道，由舆论来决定是非！下午五点，没有响应，我把情况向一家媒体说明。

对于小犬来说，这题占三分，对他影响不太大，他也不太在乎。我自认尽了责任，所以也就不再追究。然而，由这桩不大不小的事里，却可以萃取出一些有趣的含义。针对那道化学考题而言，虽小道必有可观：儿子认为 A 和 C 逻辑相同，所以在单选题里，两个选项都不可能是答案。可是，如果 A 和 C 都对，只是对的道理不同，那么大考中心只给 A 和 C 分数的做法，就理直而气壮。还有，如果另外的 B 和 D，是明显错误的选项，那么即使 A 和 C 逻辑相同，即使是单选题，只给 A 和 C 分数也说得过去。

更进一步，给分与否，答对或答错，抽象来看，就是在操作一套游戏规则。规则合理与否，考生和出题者的责任各应有多少，对录取成绩如何影响等，都有许多曲折微妙之处。因此，除了"联考考题"的逻辑和经验之外，如果对于"游戏规则"的意义，能有比较深入的了解，操作的结果可能更合于联考的初衷！

对经济学者而言，各式各样、大大小小的规则，其实都是一种工具（rules as tools）。既然是工具，工欲善其事，最好能找出好的工具。经济分析的优点之一，就是能利用成本效益的概念，平实地分析各种工具所隐含的利弊得失！也许，大考中心可以邀请经济学者参与，仔细检讨目前各种计分和补救措施，毕竟，在联考这种规则改弦更张之前，值得把联考之下的各种小规则调整得更理想才是！

阿基米德与冰淇淋

这个学期，轮到我安排演讲课程，为大学部的学生们邀请嘉宾。我有意打破惯例，不以经济专业和学界为限，而是向各个领域伸出触角，三人行而有我师也。

当初邀请"沾美西餐"的董事长陈登寿，是因为认识多年来，他讲的两个故事长留我脑际：他曾到德国学习餐饮，在酒吧工作和实习。等他离开德国时，竟有两三个德国友人到机场送他——对生性方正内敛、自尊自傲的日耳曼人来说，这可不是件寻常的事。还有，他回国后，餐饮事业愈做愈大，很多"外交部"的宴席酒会，都请他安排。他曾提到，不只一次，在"外交部"的酒会里，大小官员们三五聚集，自顾自地聊天。对于已经屈指可数的友邦大使们，却往往弃之不顾，理都不理。

因此，我直觉上认为，登寿观察力敏锐，专业之外还有相当的热情。请他和同学们碰面，该是件有趣的事。没想到，他讲的故事不只有趣，简直是令人着迷和惊艳（fascinating）。

高中毕业后，他进入职场，在餐饮业打拼，而且业内渐有令誉。然而，他毅然放弃高薪，争取到德国学习餐饮的机会。在等签证的几个月空当里，他到西门町看电影，发现人手一个冰淇淋。他觉得闲着也是闲着，卖冰淇淋也不错。所以，在电影院门口的角落，弄了个小摊位。

冰淇淋一球八块钱，买的人多，但是要找钱很麻烦。他开始动脑筋，怎么样才能增加周转率。他想起初中学到的数学，球体的体积是圆周率乘半径的立方。用5号冰淇淋勺，一升可以挖两百球左右；用小一号的勺，却可以挖四百多球。可是，在外观上，两种冰淇淋的大小相去不远。因此，他就推出前所未有的"两球十块钱"！既不用找零钱，顾客又觉得俗而大碗，结果大发利市。两三个月之内，他这个新手的业绩，就遥遥领先全台湾其他七八百位同行——两个月可以赚八九万块，当时可以在新店买一栋房子！他当然可以继续卖冰淇淋，数钞票。但是，他背着行李，一个人飞到人生地不熟，几乎是另一个世界的德国。到了之后在酒吧里任职，重新开始摸索。因为细心耐心又肯学，所以很快又有一片天。当然，他一直睁大眼睛，放大耳朵。

他发现，每个月总公司定期派人来盘点。一瓶酒通常容量20.4盎司，可以倒18杯上下。盘点时以目测估算酒的存量，再和营业额查核是否相当。目测费时，不容易精确，又干扰正常营业。登寿左思右想，想起初中物理的"阿基米德定理"（Archimedean principle）——酒瓶加酒的重量，减去瓶重（固定），就是酒的重量。因此，盘点时只要把酒瓶往秤上一摆，很容易就能掌握瓶里的酒量！

他用不甚流畅的德语，和负责盘点的犹太人比手画脚，口里不停地重复"阿基米德、阿基米德"——为了阿基米德，他还打长途电话回台湾，请教朋友这个名字怎么发音。

犹太人半信半疑地走了。两周之后，他被请到总公司做简报。他忐忑不安，怕德语词不达意。可是，当他踏进会议室时，所有公司的高层都站起来鼓掌，向他致意！

登寿的故事可以做很多引申，其中之一当然是他的工作态度——他不只是在做事、做人，他还一直在动脑筋，希望把事情做得更好！

"沾美西餐厅"在仁爱圆环附近，是台北最早的一家西餐厅。那儿的牛排好吃吗？我不是美食家，不敢置喙。但是，我知道，陈登寿的故事很好听，陈登寿这个人很值得尊敬！

螺丝的责任

周日上午到研究室想做点事，但是因为前一天晚上应酬时多喝了点酒，头脑还不完全清醒，就只好东摸摸西摸摸地处理一些琐事。

快中午时披上夹克，到附近买个便当，顺便到文具店里买一小锭强力胶好粘软木垫。也许是我穿着邋遢，面容颓唐，举止不十分稳重，当我向文具店的老板表示要买强力胶时，他抬头看我一眼，然后说："没有卖！"我精神一紧，说："前几天还在这里买了一条，怎么会没有，我还记得是放在下面的柜子里。"然后，又心平气和地加了一句："别担心，像我们这种年龄的人是不会去吸强力胶的。"老板没有再坚持，他从柜子里拿出一条强力胶，我给他十块钱。

回到研究室之后，我一边挤强力胶到软木垫上，一边回想刚才的那一幕……

我当然知道老板斟酌的用意：怕别人买了强力胶去吸

食，然后惹是生非，甚至闯祸。他显然是一番好意。可是，我却不能理解他为什么要这么做？即使别人买了强力胶真的做了什么歹事，跟他也毫不相干，何况他是生意人，责任就是卖东西赚钱。如果别人确实是买了去吸食，他故意不卖反而可能惹麻烦上身。所以，他何必要"天下兴亡，匹夫有责"地做对自己"有害无益"的事呢？

想着想着，我忽然联想到几年前思之不解，最近再想起却稍有所得的一个问题：理性的人为什么会去投票？既然自己投不投票都会有人当选，由自己那一票决定胜负的机会微乎其微，而去投票又花时间气力，所以，投票是对自己弊大于利的事。可是，为什么民主社会每次选举都还有那么多人去投票呢？

以前思索这个"投票谜思"时，总是考虑投票这件事本身的利弊得失。最近再咀嚼琢磨，却有不太一样的体会……

一个人从小长大的过程里，经由学习、摸索，以及和别人的交往互动，他会慢慢发展出对自己的一种认知。譬如，他可能认为自己是个有正义感、大致上诚实、喜欢交朋友，等等的人。这种自我认知意味着，一个人会对自己有一种"自我形象"的评估和期许。在处事以及和别人交往时，一个人就会用这个"自我形象"来因应环境，决定自己的行为，这么做可以降低行为取舍时思索判断的成本。所以，如果在一个人的"自我形象"里自己是一个乐于助人的人，那么，当有人在公交车上刚好缺零钱而向自己求援时，自己绝不会坐视不管。维持自我形象就像是在脑海里为自己设下一些要遵循的小规则，可以让自己更容易地处理所面对的各种情况。

根据这种观点，既然社会上有相当比例的人都会认为自己是个还不错的人：认真工作、照顾家庭、帮助朋友、按时纳税……所以，为了维护这种自我形象，在选举时也就会像一个还不错的人一样去投票。如果不去投票，自己心理上所承担的成本，可能要超过来回投票地点所耗费的时间心力。权衡取舍之后，可能就会有相当比例的人会基于维持自我形象的原则而去投票。

对文具店的老板而言，或许就是同一种心理反应：自己在平时是有正义感的，会路见不平拔刀相助，对于吸食强力胶可能会有道德上的谴责。因此，一旦面对可能有人逾矩的情况时，就宁愿放弃眼前的小利，而维持道德良知上的平衡和自我形象的完整。

这么看来，一个民主和正常的社会能够正常运作，确实是要依靠许许多多人心里的良知和责任感。大家自觉或不自觉地所采取的一些对自己"有害无益"的行为，在涓滴累积之后，就可能发挥积沙成塔的作用。不过，比较令人困扰的问题是：要有百分之多少的人去投票、拒卖强力胶，一个社会才可能维系不坠？

再悼古战场

　　我很喜欢王羲之的《兰亭集序》，三不五时会在心里默背一次。记得有一次酒后，还和朋友打赌，能一口气背完，不漏一字。当然，附庸风雅的皮毛，比不上三十五年陈年威士忌的威力。

　　可是，虽然我喜欢《兰亭集序》，对于其中的一句话，却始终觉得有点困惑。在全文倒数第二段，书圣王羲之提到：

　　当其欣于所遇，暂得于己，快然自足，不知老之将至；及其所之既倦，情随事迁，感慨系之矣。向之所欣，俯仰之间，已为陈迹，犹不能不以之兴怀，况修短随化，终期于尽！

　　虽然这一段文字的大意，还算清楚，可是，我一直不能释然，到底"犹不能不以之兴怀"的意义是什么？王羲

144

之的心境以及所希望表达的情怀，又是什么？

我隐隐约约感觉得到，那是一种因为时过境迁，而在心情上引发的变化。可是，究竟如何，我却觉得很模糊。不过，年岁渐长，却在不经意之间，偶有联想……

1999 年 5 月到翌年 4 月，我应台湾《联合报》副刊之邀，撰写专栏，隔周见报。有一次，写了篇名为"吊古战场"的文章。篇名，是借用《古文观止》里李华的"吊古战场文"；场景，是我在研究室里，整理墙上的圣诞节、教师节和新年的贺卡时，引发的联想；内容，则是论证"时间"这个因子，在生活里的意义。我提到，时间对人的影响，主要是在于人对"因果关系"的体会。

年龄渐长，有比较多的机会观察到人事的兴衰递嬗。一方面更能体会到是非善恶的相对性，知道黑和白不一定是那么的截然划分；另一方面，也会亲身经历或亲眼看到人事变化上比较完整的过程，只知道好人不一定有好报，坏人不一定有恶报。

文章刊出之后，意外接到一位读者的电话。他提到自己和我一样，已届知天命，但是，从来没有想过"时间"这个因子的意义。据他说，文章对他造成很大的震撼。他开了一家出版社，希望将来有机会出版我的作品。

2000 年 8 月起，我到英国牛津大学访问研究一年。在那一段时间里，由耳闻目见（甚至于在呼吸里），可以清楚地感受到英国社会中的"历史感"（sense of history）。历史，是由漫长的时间所累积凝结而成，如果历史很重要，雕塑历史的时间当然就有特别的意义。有一次参观大学的博物馆，在某个陈列室里，就看到以"时间"为主题的特展。

次年8月，离开牛津，回到台北都会区里目不暇给、熙来攘往的生活步调，只觉得时间过得飞快，俗务绕身，不容易静下心来想些深刻的问题。有一天，应邀为一本将出版的书写"导读"，我在斗大的研究室来回踱步，希望能琢磨出一些灵感。

当我在书柜里的书籍间浏览时，眼光突然落在罗伯特·海尔布伦纳（Robert Heilbroner）的名字上。海氏，曾是纽约新社会科学院的台柱，博览群籍，学问贯穿古今，他的巨作《资本主义的性质和逻辑》（*The Nature and Logic of Capitalism*）和《俗世哲人》（*The Worldly Philosophers*）等，都被译成多国文字，影响深远。

看到海尔布伦纳，我脑中灵光一闪，不但想到导读论述的主轴，也对"时间"这个因素，有了新的体会……

在多本著作里，海氏都提到他的历史观。人类历史可以约略分为三个阶段，首先是以"传统"（Tradition）为主要支配力量的时期。在这个阶段里，人类以游牧或农业为主。春夏秋冬，反复出现，人们认为，未来会和过去一样。因此，人们似乎在醋睡中度过时光（sleep walks through history）。第二个阶段，是以皇权和神权主导的"统御"

146

（Command）封建社会。在这种社会里，人们臣属于某种指挥体系，他们试着扮演好自己的角色，对未来也没有太多的遐想。

18世纪出现的工业革命，彻底改变了人们的生产方式和生活形态。蒸汽机和汽船等发明，带来了生产上的量产和蓬勃的经济活动。人类社会从此进入"市场"（Market）的阶段，而随着市场的蔓延和扩大，人们期望未来会和过去不一样。而且，未来会更好！

就"时间"这个因素而言，在传统社会里，同样的现象不断地重复和因循。在统御社会里，时间的意义很模糊。封建体系的崩毁，可能会改变从属的关系。不过，那只不过是重新洗牌而已，牌戏本身的性质并没有变化。一旦进入以市场为主导力量的阶段，即使对一般社会大众，时间的内涵都慢慢变得充实丰硕。一方面，人们期望将来会比过去好，因此是带着引领企盼的心情，迎向未来。另一方面，人们意识到自己在时空脉流中的地位，因此更是以饶富兴味的心情，希望能扩充本身的经验。也就是，人们希望能归纳出人类经验里跨越时空、最深沉的交集，然后再以这种结晶为依据，去面对更多彩多姿的未来。

对个人来说，这表示每个人都可以挣脱个人经验的局限，试着去体验其他的人在其他时空里的体会以及所累积的智慧。因此，如果带着这些智慧的结晶，而以期盼的心迎向未来，或许就可以挣脱"情随事迁、感慨系之矣"的心境，也不需要有"犹不能不以之兴怀"的踌躇和犹豫。

王羲之，生于公元 321 年，卒于公元 379 年。他的岁月，离工业革命和市场经济还有 1400 年左右。如果他活在今天，不知道笔下的"新兰亭集序"会是什么样貌？

第三部　谈政治

金权政治的结构性因素

　　某学期，我的课除了自己研究生院里选修和旁听的研究生之外，还有一位外校来的旁听生。她正在撰写硕士论文。虽然读的是不同的学门，但是她对于我教的课程有兴趣，所以误打误撞地来听课。

　　听了一阵子之后，也许她觉得上课问答讨论的方式比较有收获，就回到自己的研究生院，在指导老师面前对我稍有赞美之辞。她的指导老师显然是位宽宏大量的学者，很客气地打电话请我到他们的院里去演讲。虽然这是"跨行"，我还是不揣浅陋地答应下来。

　　演讲当天，教室里除了他们硕士班的同学之外，博士班的研究生全部到齐，还有几位老师。我"无知就是力量"地侃侃而谈，用一连串的例子，加上一些大大小小的笑话，来阐释经济学最基本的几个观点。研究生们好像听得蛮有兴味，还不时以很有礼貌的语气提出一些问题。因为大部分的问题我以前都碰到过，所以顺口答来、有板有眼，自己也不禁暗暗得意。

倒是其中有一位研究生问的问题一直停留在我的脑海里，数日不去。他问：现在金权政治当道，候选人多是腰缠十数关系企业的少主、掌门人或代理人。由经济学竞争的角度来看，政治会不会慢慢形成少数人的寡头垄断？

当时我的回应是：对于金权政治的现象，我们可以想得稍微深一点。在座的各位和我大概都不会出来竞选民意代表，因为我们眼前都有目标要达成，我们必须工作或读书。出租车司机、市场里的小贩大概也不会出来竞选，因为他们和我们一样，为张罗三餐而奔波犹恐不及，怎么会有闲情逸致出来竞选。因此，忙于生活工作的人不会出来参选，出来的显然绝大部分是有闲而且有钱的人物。企业家、家财万贯或两者集于一身的人正具有这种条件。而且，他们往往可以借着成为民意代表，进一步利用身份来累积名利。所以，我说，金权政治的形成有它背后的原因，在谋求改善现状之前，应该先设法了解在表象之下的结构性因素。

演讲已经过去一个星期，可是，我还是常常在脑海里盘桓：在民主社会里，金权政治是不是一种必然的结果？能不能采取某些方式来避免这种结果？

就像大学联考是一种"筛选"的制度一样，在民主国家里，大多是以代议的方式来决定公共事务，而选出代议士的定期选举也是一种筛选的制度。筛选制度的特性往往会影响筛选的结果。因此，大学联考笔试下筛选出来的不一定是口才辩给、能歌善舞的人。同样的，一人一票选出来的也不一定会是童叟无欺、温文儒雅的人——因为投票只是一种"偏好汇总"的方式，并不保证结果。

更深一层的体会是：如果我们希望通过选举，能选出一些"好人"，那么，我们必须仔细思索这个过程的每一个步骤。首先，我们所讲的好人是什么样的人？是诚实、正直、年富力强、学养俱优、无一念之私（有这样的人吗），还是其他？其次，是由我们自己来判断决定哪些是好人，还是由政党先帮我们过滤？如果负责提名推荐的人有他自己权位利禄上的考虑，怎么办？再次，"好人"自己愿不愿意出来"做好事"呢，还是他（她）觉得人生里有意义的事多得很，何必当民意代表？然后，即使千辛万苦地把好人送进了民意机关，成为我们的喉舌。可是谁来监督他们呢？是让政党、舆论，还是我们自己？把这些因素都考虑进来之后，有没有哪一些制度能很适切地、经年累月、自始至终地把好人筛选出来呢？有没有？

这么一联想，我发觉自己对金权政治的问题真的想不出什么好主意。我实在不知道什么是好和不好。但是，我转念一想，也许生活里永远存在着某种不确定、不令人满意的成分，我们只能尽其在我地妥为因应吧——就像那位研究生误打误撞的来旁听一样……

利益冲突

每年暑假期间，总要出公差似的去改高普考试卷，也总会在改考卷时碰上一些同事朋友，交换一些趣闻。

有人说，在短短时间里改完七八百份的试卷简直是"草菅人命"。有人是以"股票"来算绩效的——今天又改出半张股票来了！有些试卷上的答案也真令人心旷神怡：有一个科目问"保护幼稚工业"的理由是什么，一位考生仔细阐述幼儿园教育的重要性。另一个科目问"申报所得税时，哪些所得应该有特别的处理"？一份试卷上列了"变动所得（中奖、赠予）"等之外，还加了一项"遮羞费"！

有一天改完考卷几个人搭便车回家，在车里七嘴八舌地讲这些趣闻时，有人突然冒了一句：我们改一份得三十八块，可是缺考的不算，那些钱到哪里去了？也许我们该建议考选部，缺考的也算钱！

车里的其他人都随声附和，极力称是，我当然也不例外。不过，等过几天再想起这件事时，我却发现：虽然"缺

154

考考卷的阅卷费"是鸡毛蒜皮的小事，但却是一个好的"练习题"——可以作为思考制度设计问题的演练……

考生交的报名费里涵盖了举办整个考试所有的花费：包括出题、印刷、监考、阅卷、算成绩、发榜，等等。所以，除非主办单位能根据多年经验，把缺考的考生报名费里属于"阅卷费"的那一部分集中，然后拨到出席应考考生的阅卷费里。要不然，在理论上确实有一笔钱是本来预订作为阅卷费，但因为考生缺考不用阅卷，因而省下来的。因此，把缺考考生的试卷视同出席应考而交白卷处理，似乎没有什么不好。而且，监考老师的监试费不会因为有人缺考而减少，为什么阅卷老师的阅卷费不能比照办理？

可是，从另外一方面来看：既然阅卷是按件计酬，缺考考卷自动零分，不需要经过批阅手续，但阅卷老师似乎也不该"不劳而获"。监考老师的工作性质不同，有人缺考还是要监试，所以不能相提并论。至于缺考考生"多出来"的阅卷费可以作为缓冲的"预备金"，万一有临时或额外的支出就可以派上用场。而且，即使最后真的有节余，依法要缴入国库，没有人会占到便宜。

因此，即使是这么"简单的事"，显然都是理未易明。站在阅卷老师的立场，我（们）当然赞成规定缺考考生的试卷必须经过阅卷老师的签名盖章才能得零分——既然报名费里已经交了阅卷费！所以，理未易明之下，到底要怎么"想"这个问题比较得体呢？

哲学家罗尔斯在《正义论》里提出了一个很有启发性的概念：在思索典章制度的设计时，可以假设每个人眼前有一层薄纱。在这层"无知之幕"的后面，每一个人不知道将来自己的身份、地位、职业、才能。因此，在取舍时就可以以超然客观的态度，设计出能兼顾各种利益主体的制度——因为自己将来可能落在任何一种身份地位上。

罗尔斯的新见为思索社会问题提供了一个很好、很有说服力的参考架构。不过，以"无知之幕"的方式来想问题事实上还有更重要的意义：既然在无知之幕后面每个人的利益都不明显，因此所采纳的做法很可能是看来不好不坏、众多可能做法中的一种——缺考考卷发阅卷费和不发阅卷费之间并没有明显的好坏高下。所以，在解决眼前实际的纷争时，也就无需认为自己是正义的化身、手中握有"绝对的"真理！

不过，虽然罗尔斯"无知之幕"的概念有助于斟酌典章制度的规划，可是，在兴革"现存的"典章制度时，大家都已经知道自己的身份地位。那么，要怎么调和彼此之间可能明显冲突的利益呢？

公共选择

第二次世界大战后，年轻的布坎南刚从美国海军退役，在芝加哥大学取得经济学博士学位之后，到弗吉尼亚州的一所小学校任教。没多久，在大学里主修国际关系、战后曾在美国驻天津领事馆服务的塔洛克，也因缘际会地到同一所小学校游学。

布坎南和塔洛克虽然所学不同，但是两个人很快就找到了交集：对政治现象的探索。然后，他们取长补短，在1962年出版了《赞同的计算》——一本以经济学的分析工具探讨政治现象的论著。这本书不但开创了"公共选择"这个新的研究领域，对经济学和政治学都产生了深远的影响。而且，由于这本书和往后的贡献，布坎南教授于1986年实至名归地得到诺贝尔经济学奖！

在这本经典之作里，到处可见两人心血智慧的结晶。只要仔细看完全书，相信任何一个人对民主政治都会有一番迥然不同的体会……

因为布坎南是经济学者，所以书里很自然地就从经济学的角度来认知和阐释政治活动：在市场里，买卖双方一手交钱一手交货。两个人通过"交易（换）"不但均蒙其利、皆大欢喜，而且，更重要的，是"交易"隐含着双方都是自愿的，并且都同意交易的条件和内容。如果买卖双方的任何一方有异议，互利的交易就无法达成。因此，交易意味着双方之间有某种"共识"。

当然，"市场交易"不能解决人的所有问题，类似交通国防治安这些事只好交由"政治过程"来处理。在现代民主社会里，这些事就是通过选举代议、均权制衡这些安排来折中。可是，在观念上来说，政治过程也可能看成是一种"交易（换）"：我按时纳税以换得别人也按时纳税，我放弃为所欲为的自由以换取别人也放弃为所欲为的自由。因此，我们事实上可以由"交换"的观点，而不是由传统政治学强凌弱、众暴寡的观点来认知政治过程。

既然在市场里的交换是双方都蒙其利，政治过程里的交换也应该是能让所有的参与者都得到好处。民主社会里是以表决的方式来解决众人之事，因此唯一能保证让每一个人都获利的表决方式就是"全体一致决"——除非自己同意，否则任何一个议案都不能通过，所以自己不会受损。因此，除非议案对自己有利，否则自己不会赞成，自己一定能从通过的议案中享受到利益。"全体一致决"就和市场里两人之间的交易一样，能取得所有相关人的"共识"。

可是，虽然"全体一致决"在概念上很有启发性，在实际运作上却滞碍难行。

每一个参加过会议的人都知道，三个和尚已经没水喝了，要寻求众人的"共识"，谈何容易。布坎南和塔洛克是聪明人，当然也体会到这一点。不过，这事实上正好衬托出他们对民主政治观点的积极性：在处理众人之事时，应该是采取能保证皆大欢喜的"全体一致决"。不过，众人彼此之间沟通协商、争执冲突等，都要付出时间心力。要达到"全体一致决"的共识，成本非常可观。

因此，为了避免耗费太多沟通协商的成本，就可以勉为其难地不采取全体一致决，而以三分之二决或二分之一的简单多数决替代。因此，"全体一致决"是处理众人之事的标杆。虽然因为实际因素的考虑而"放弃"全体一致决，不过，那是不得不、是退而求其次的做法。在观念上，要尽可能地照顾到所有人的利益。如果人在市场交易里可以获利，为什么在政治过程里不能有同样的期望？如果少数服从多数是民主的精义的话，那些"永远的少数"难道不会揭竿而起吗？

布坎南和塔洛克所强调的"全体一致决"的概念当然不需要限制在"表决规则"上，一般人对于民主政治的体制和对私有财产权的支持，都可以看成是在某种意义上实现"全体一致决"。不是吗？

差异原则

虽然一般人在想社会问题时会很自然地从"公平""正义"这些角度着眼，可是如果要进一步地追问到底什么是公平和正义，得到的可能就是一个困惑的脸庞和有点被激怒的表情……

罗尔斯的《正义论》，对社会科学研究者产生了深远的影响。在这本名著里，罗尔斯用闻名遐迩的"差异原则"来界定一个他认为正义的世界：如果在一个世界里贫富之间的差距是能让最不幸的分子得到最多的照拂，那么，这个世界就是合于正义的！

虽然这个"差异原则"很有启发性，可是长远来看，罗尔斯的贡献应该是在于他为思索问题提供了一个新的角度——他以"无知之幕"的观点来讨论原则性的问题：在思索社会问题时，为了避免一个人受到自己身份、地位、职业、性别等因素的影响而有偏误，最好试着从目前的身份中抽离出来。假设自己眼前有一层"薄纱"，一个人不知道薄纱掀起之后自己的身份或地位，那么，既然将来自己有可能落在任何一种身份和地位里，所以在思索规划社会制度时，就可以摒除个人私利的考虑，而纯粹从"公平"和"正义"的角度去斟酌。

罗尔斯的创见确实发人深省。不过，既然在思索问题时人事实上已经存在，也就（不可避免地）知道自己的身份。那么，"无知之幕"由何而来？

布坎南和塔洛克这两位学者提出一种比较周到的看法：虽然在想问题时，人不可避免地已经知道自己的身份和地位，也就有本身利害的考虑，不过，未来总是充满着不确定性。今天是高官巨富，明天可能已经是过眼烟云而成为布衣走卒。所以，只要未来存在着这种"不确定性"，那么，一个人基于自利自保的考虑，就会设想出比较公平合理的制度——因为自己将来永远有可能成为需要别人济助的弱者。

布坎南和塔洛克的观点虽然比罗尔斯的观点更有说服力，不过，人所面对的问题往往就在眼前，而不是在遥不可及的未来。那么，在想问题时是不是有更直接、平实的角度？

社会学者科尔曼提出了一个更具体生动的思考方式：在思索社会问题时，先从自己的立场（利益）去想，然后，再假设自己是一个立场（利益）完全相反的人，再由他（她）的角度去想。如果有某一种安排能被这两个完全不同立场的人所共同接受，那么，这显然就是一种好的而且可行的做法。

把科尔曼的想法换一种说法，其实就是"己所不欲，勿施于人"的道理——你自己所不愿意接受的安排，别人也不会愿意接受，因此，这将不会是一种能众议佥同的做法。

不论是罗尔斯的"无知之幕"、布坎南和塔洛克的"不确定性"，还是科尔曼的"站在别人的鞋子里设想"，对于思考公共事务都有相当的启示。不过，这三种观点事实上都隐含着以理服人的特性——通过说服的方式希望别人能接受自己的想法，希望在观念上大家能找出讨论的交集所在。

然而，人毕竟是人，你的"己所不欲，勿施于人"很可能就和我的"己所不欲，勿施于人"不一样。"讲道理"有时而穷。在这种情形下，是不是还有其他可以凭依的准则呢？譬如，如果说民主的真义就是在于"众人在自由和平等的基础上解决众人之事"，那么当有人（大家）对"自由和平等"有很不一样的解释时，怎么办？

也许，追根究底，"民主"就是一种"讲理"和"说服"的过程。除了诉诸人的"理性"之外，事实上别无所依。这一方面反映出人的脆弱性，但是另一方面，或许这正反映出对人的信心和期许吧！

少数服从多数

系里的系主任出缺，就以普选的方式选举新的系主任。候选人有三位，不过焦点是集中在其中两位年龄、资历相仿的老师身上。

这是大学校园里的选举，候选人和"选民"都（应该）是社会上最能以理智思维来取舍而不受其他因素影响的人，应该是"君子之争"。可是，也许对大家来说，选举还是需要摸索学习的"新事物"，所以，在竞选过程里也发生了令人遗憾的一些曲折……

候选人之一在系里从助教开始，服务已经超过二十年，在院里和学校里都有很好的人际关系，有他当家对于系里在向外争取奥援上当然能得心应手。也许是拉票时他把这个优点讲得太顺口了一些，另外一位候选人的支持者放出风声，说他"贿选"——说他向系里副教授保证，如果他当选，可以把升等的尺度放宽，在院里和校方也都能护航过关！

同样一件事总可以有不同的讲法，被传开"贿选"的那位候选人的支持者倒过来也放话。说另外那位候选人有恐吓胁迫的嫌疑——因为他们的说辞是：如果副教授们支持那位"贿选者"，等于是自己对自己在学术上"放水"，将来在提出升等时走着瞧！

　　虽然"贿选"和"反贿选"都和我无关，可是站在旁观者的立场，我却觉得有点困惑：以选举来解决众人之事号称是"民主"的精髓。可是，选举所（可能）隐含的威胁利诱，以及对当事人心理上的考验折磨，难道是民主正常运作的一部分吗？到底什么是民主？民主的真义是什么？

　　稍稍在脑海里咀嚼一下这些问题，我觉得有点迷惘，也有点惶恐……

　　"民主"应该不只是"少数服从多数"吧！如果这就是民主的真义，那么在任何一个时点上，社会里最有钱的人只是极少数，难道其他人可以"少数服从多数"地把这些有钱人的财产充公或均分吗？还有，选举投票时，当选人得的票往往不到投票人数的百分之五十——还不包括那些没有投票和不能投票的人口。可是，即使如此，大家还都承认他（她）当选。这似乎也不是少数服从多数！

　　民主似乎也不只是以"选举"来解决众人之事。民主社会里司法体系的各个环节通常不是由选举产生的，可是，相信大家都同意：让民主政治正常运转，司法体系是很重要、不可或缺的一环。同样的，大众媒体也不是由选举产生的，可是大众媒体对民主政治更具有监督防腐的功能。所以，选举应该只是民主政治的一（小）部分而已！

那么，追根究底，民主的本质到底是什么呢？仔细琢磨琢磨，也许民主的真义是在于人（相关的人）能在"自由"和"平等"的基础上，摸索出一些众人所接受、解决众人之事的做法吧。最后的"做法"是什么并不特别重要（三权分立或五权分立各有利弊，中央集权或地方分权要看条件），重要的是参与者能在平等、自由的基础上无拘束、不受心理压力或肉体胁迫地表达自己的意见。然后，经过沟通、协调、妥协、合作，得到的是什么就是什么——如果在平等、自由的基础上大家决定要由一个人完全代理（独裁），这又有什么不对！

如果在"平等和自由"的基础上决定众人之事是民主的真谛，那么系主任似乎也不一定要由"选举"来产生吧，不是吗？

公民投票

　　美国参议院在审议一个由总统提出的法案时，引发了激烈的争执。支持和反对的双方舌剑唇枪、合纵连横之后，开始投票。开票结果：48 票赞成，48 票反对，4 票弃权。依参议院的议事规则，当双方票数相等时，参议院主席——也就是副总统——可以投票。既然法案是由总统提出，副总统当然投下关键性的赞成票。主席投票之后宣布结果，还不忘记美式幽默地加上一句：行政部门以"极大的差距"获得胜利！所有的参议员都鼓掌大笑，不论立场。

　　虽然这件事有点像是民主政治的"花絮"或"佳话"，但是仔细想想，这件事却寓有深意：即使赞成和反对的双方对"问题本身"的意见南辕北辙、互不相让，可是一旦投票表决，双方对"表决结果"都一致遵从。因此，民主政治的重点，似乎并不在"投票"本身，而是在于大家对"投票"这种决定事情的方式以及对"投票结果"的共识和支持。

事实上，这个观点还可以作进一步的引申，尤其是对于"公民投票"这种独特而重要的决策途径……

　　既然公民投票牵涉社会所有的组成分子，议决的事项也可能有相当的争议性，而表决的结果又往往有强制的约束力，因此，对于以"公民投票"的方式来处理某个议题，可能会有很多的人反对。所以，在以"公民投票"表决之前，应该先要决定"要不要采取'公民投票'来议决某个议题"？

　　这个"要不要'公民投票'"的问题，显然必须先于"公民投票"本身而决定。可是，对于这个"先一步"的问题，又要采取什么方式来决定呢，如果是采取表决的方式，那么是要采取二分之一的简单多数决还是三分之二或更多的严格多数决？这自然要先决定。可是，对于这个"先两步"的问题又要采取什么方式来决定呢？当然，延伸下去，"先两步"之前还有"先三步""先四步""先五步"等的问题……要解决这种"投票方式的投票方式的投票方式……"——专有名词称为"无穷回归"——的问题，只能祈求在这一连串的表决机会中，能在某一点上取得全体的共识，得到大家的支持。譬如，只要"所有的人"都支持在某一个点上采取三分之二决，就可以采取三分之二的表决方式来进行下一个表决。一路表决回来，如果都通过，最后才是在大家都支持以"公民投票"来议决的前提下，进行"公民投票"。

因此，"公民投票"绝不只是单纯的投票而已，而是牵涉投票前、投票本身、投票结果三个部分。除非绝大多数的人都支持以"公民投票"的方式来议决某些议题，都赞成投票过程本身（包括时间、方式、表决事项等），都承认表决的结果。否则，当这些条件都不具备时，"公民投票"反而可能成为引发社会动乱、诱发组成分子彼此猜忌对立的触媒！

当社会上一部分人极力鼓吹以"公民投票"来解决某些争议时，透露出的是一种警讯，很可能是因为社会正常的典章制度（譬如选举、代议）不能有效地反映和处理社会成员的心声，因此希望能跨越这些其他的管道而直接由自己来做决定。在这种环境下，除了对准备公民投票的议题多多辩难澄清之外，更重要的应该是仔细检讨一下典章制度的良否，以及一般民众对这套基本典章制度的信心。毕竟，典章制度到底能不能发挥作用，最后还是要看社会中绝大多数人愿不愿意支持这套典章制度。

"公民投票"可以是（或应该是）现代民主社会典章制度的一环，可是作为一种解决问题或决策的方式，公民投票能否发挥功能，显然要看社会组成分子的意向。享受美国副总统一票之差"重大胜利"的，应该不是美国总统，而是所有的美国人……

以"公债"支应公共支出

当一个人在市场里买水果的时候，权利和责任非常清楚：除了一手交钱一手取货之外，一个人必须为自己的行为负责，也只为自己的行为负责——自己买了金玉其外、败絮其中的水果怪不了别人！但是，相形之下，在通过选举代议这些政治过程而处理众人之事的时候，权利和责任的关系变得很模糊、很间接。不但民意代表、行政首长在行为上的责任难以清楚界定，官员在公务上所作所为的得失也不容易明确评估。

为了能促使政治过程中的责任明确，在制度上当然能做一些消极和积极的安排。譬如，如果能厘清各级政府的权责，那么，这一方面能避免各级政府之间争权和卸责，另一方面也能积极地鼓励地方政府之间彼此竞争。借着居民"以脚投票"所形成的压力，逼使各个地方政府不得不设法维持或提高行政效率。

虽然借着制度和法令的设计，可以对行政官员和民意代表的行为产生某种抑制。然而，在政治过程里还有一项非常难以处理的问题：以"公债"来支应公共支出……

当公共支出是由税收来支应时，等于是由一般纳税义务人自己来负担所有的成本，纳税义务人要面对权利和责任之间的对应关系。可是，一旦公共支出是由"公债"来支应，权利和责任的对应就消失不见。"权利"，是由这一代的人所享用；"责任"，则是由未来的世代所承担。无论是对行政官员、民意代表还是一般选民而言，以公债支持公共支出的做法都有相当的吸引力——当天下有白吃的午餐时，为什么要自己掏荷包付钱！西方民主社会大量发公债所导致的赤字问题愈来愈严重，真是有以致之。

从理论上来说，公债发行的额度并没有上限，一个社会可以一直"以债养债"地向民间或海外借钱。但是，在实务上，公债发行额事实上有其极限：当公债发行量持续上升时，政府支出中用来偿还公债利息的部分会随之增加；当利息支出增加到某一个程度时，会对其他支出项目产生排挤效果。当其他正常公共支出（像公务人员薪水、基本国防交通支出）紧缩到某一个程度时，将无法再受挤压。这时候其他公共支出就会回过头来形成对利息支出的限制，利息支出将不可能再增加——也就是公债发行不可能再增加。

另一个会对公债发行产生节制的因素，是购买公债人的信心。当公债发行量愈来愈大时，政府无法如期偿债的可能性也逐渐上升，为了吸引对公债的购买，只好提高公债的利息。利息提高，所隐含的风险当然也较高，当公债发行量以及公债利息都升高到某一种程度时，投资者会减少甚至停止购买公债。因此，购买公债的人对公债的信心，是限制公债发行量持续扩大的另一种因素。

公债发行额持续增加也反映出一些值得注意的讯息：造成公债发行快速增加的主要原因之一，是为了融通国内重大建设。虽然长期而言基本建设有助于提升生活质量以及促进经济增长，不过，值得进一步探究的是，为什么近年来会同时进行这么多重大建设？在某种程度上，这是不是正显示了（民主）政治过程慷他人之慨、讨好选民的特性？

仔细想想，当一个人向朋友、银行借钱时，能够借到的钱有限，一旦出了问题自己要承担所有的责任。可是，当政府这个老大哥向民间和海外借钱时，能够借到的钱就非常可观，一旦出了问题，责任归属却一点都不清楚（即使清楚又如何）。那么，追根究底，在人们借着政府以追求更多福祉和自由的同时，是不是有什么办法来节制政府的自由？

宪制经济学

美国的布坎南教授于1986年得到诺贝尔经济学奖之后，收到世界各地的邀请，请他去演说和讲学。盛名所累之下，这些邀请有时候多得他几乎无法负荷。但是，他总是尽可能地拨冗应邀，特别是对于那些来自小学校、小地方的邀约。他希望能到那些其他大师可能不愿意一顾的地方，因为他要让这些地方的人亲眼看到，像他这样一位来自小学校、数十年学术生涯里备受忽视冷落、没有显赫资历的学者，一样可以经由长时间平实的努力而得到学术领域的桂冠！

在这些演讲的场合里，布坎南总是一而再再而三、不厌其烦地阐扬他所首创学门"公共选择"和"宪制经济学"的精义。有一次，他谈到了规划宪章时的难处……

一般政治学者在探讨政治问题时，往往针对眼前的各种政治现象来论对是非，以及提出兴革的建议。可是，既然政治现象是在现有典章制度结构之下的产物，要改善现况就值得从比较根本的典章制度本身着眼。不考虑结构性问题，而只在个别问题上打转，就有点像"头痛医头，脚痛医脚"，永远是一种消极片面的因应，而不是全面积极的主动调整。一旦把关注的焦点由"个别问题"转移到"基本规章"上，下一个问题当然是：怎么选择典章制度？

既然有那么多不同的典章制度，怎么样才能选出众人所支持、可长可久的典章制度？对于这个棘手的问题，布坎南毫不回避，而且正面面对。他把一个人对典章制度的选择分成两部分："理论"的部分和"偏好"的部分。既然可能的典章制度有很多种，而每一种典章制度的特性各不相同。那么，值得平实深入地了解各种典章制度的特点，以及实行之后所可能产生的结果。这个部分就可以借助社会科学乃至于自然科学研究的结晶，客观地加以比较。这纯粹是推理和分析，丝毫不带感情的成分，这就是"理论"的部分。

即使经过比较分析，知道每一种制度的特性，但是每一个人基于各自的背景、身份、地位会对各种特性有不同的好恶。譬如，大家都同意直接税和间接税的特性不同。可是，如果我是家有恒产的人，我当然反对偏重对财产课税的间接税；如果我靠薪水度日，我当然赞成多课间接税而少课所得税这种直接税。这种纯粹由于个人特质而有的好恶，是不能用"理论"来解释的，这就是"偏好"的部分。

既然典章制度的取舍是由众人选择，那么，对于"理论"的部分，就值得通过沟通说理，取得大家共同的认知——一种对理论的"共识"。可是，对于"偏好"的部分，既然每个人各有所好，也就无需强求一致，而只要找到彼此能容忍共存的交集就可以了——一种不同偏好下的"妥协"。

布坎南对于"理论"和"偏好"的观点当然很有启发性。对于典章制度的选择，大家可以先把各种可能的安排放在一起，理智客观地比较各个安排的特性，然后再在尊重每个人偏好歧异的基础上寻求大家都能（勉强）接受的妥协。更广泛地看，"找真理"只不过是在"理论"层次上的辩难而已。一旦进入"偏好"的层次，"真理"根本不存在，有的只是每个人自己的好恶。这时候，除了尊重他人的好恶之外——就像希望别人也尊重自己的好恶一样——没有、也不应该有其他的企望！

布坎南曾用一句话精致传神地点出了民主政治的内涵，他说：有些人喜欢吃大蒜，有些人不喜欢；同样的，对于援外的支出亦复如此！仔细想想，吃不吃大蒜每个人可以各取所好、各得其所，而援外和其他的公共事务却不能这么做，而必须有其他能被众人所接受的安排。不是吗？

两岸自由的横断面

我曾应邀到南京大学进行学术交流，一个月的时间里，在法学院和相邻的东南大学各演讲一次，其余时间自由活动。南京是六朝古都，也曾经是国民政府所在地，民众的起居举止之间，似乎隐隐约约，透露着一点不同寻常的气息。对我而言，总是不知不觉地把南京和我熟悉的台北相比。

有天晚餐后，到麦当劳买了个甜筒，要杯冰水。落座后，边吃边看着透明落地窗外形形色色的人流，试着在脑海里比较一下两地的自由。

直觉上看，和南京市民相比，台北市民的自由当然要多得多。可惜的是，事实并非如此，两个例子足以佐证：南京地铁当时只有一条路线，可是用的人很多。出站的电扶梯上，民众都是大剌剌地站着不动，无论左边右边；在台北地铁，只有站在电扶梯右侧的人，才享有站着不动的自由。还有，南京的电动自行车很多，骑士和后座者却没有半个人戴安全帽。这种自由，台北市数以万计的机车族显然也享受不到！

在电扶梯站着不动和骑乘机车不戴安全帽，台北市民可能宁可不要这两种自由；然而，另一种南京民众的自由，想必有众多台北市民引领企盼久矣，但是却可望而不可即，至少目前是如此——在棋牌室里享受打麻将和餐饮的自由！南京街上到处有民营的棋牌室，空间宽敞，有专人服侍餐饮，收费又不高，搓麻将的声音再大，也吵不到家人和邻居。可惜，宝岛的国民所得已经接近两万美金，却还吝于让自己的民众享有这种简单的自由！

显然，自由的多与少，只是很粗糙的量尺，在多与少之外，自由的内涵可能更值得琢磨。而且，更进一步，其实还可以思索另一个层次上的自由——一种抽象的自由！

大陆的中央电视台，有十几个频道，除了新闻、体育、音乐、少儿、国际、军事等频道外，还有一两个频道是知识性节目。在陆续播出的纪录片里，当时看到的几则包括：国学大师王国维，受清逊帝诏，赴清华大学担任教席，为清华三大名师之一。北伐启动后，王国维眼看保皇派学者受到凌虐屈辱，因此在颐和园投湖自尽，遗书"义无再辱"。还有，抗战时外汇极度短缺，能出口赚取外汇的物资极其有限。然而，地处边陲的云南地区，竟然能提炼出95%纯度以上的锡，再由飞机越过驼峰运往美国，换取战略物资。

另一方面，央视的新闻台，可能大陆民众看的人不多，但是对我而言，却总是饶有兴味地从头看到结束。新闻的内容，反映这个社会所面对的情境：当时大陆正考虑扩充海军，增加在印度洋的影响力；当时的央行行长公开主张，人民币成为国际货币，和美元平起平坐，等等。

无论是纪录片还是时事报道，发思古之幽情和了解国际局势之外，我觉得都触动了自己的某种心弦。大陆不是我出生成长的地方，也不是我纳税服兵役的地点。不过，大陆曾经发生、正在发生和将发生的事，都和华人文化有关，而华人文化的兴衰起伏，即使是渺小的个人，即使是旁观者的心境，总是有种特殊的体会和感受！

这种智识和心灵上的扩充，抽象来看也是一种自由，而这种自由，是所有华人社会（香港、澳门、大陆、台湾，甚至新加坡）都可以享受到的。那么，大陆（南京）和台湾（台北）相比，哪一个地方比较自由呢？这个问题问得简单，但是答案显然并不容易！

旁观者迷？

在台湾时，我偶尔会接受邀约，到校外去作些讲演，推广经济学。听众们的问题稀奇古怪，我多半能心平气和地响应。但是对于有些大哉问，我总忍不住在回答时调侃几句。

有些人似乎特别关心天下大事，因此会有人问：如果再不节约能源，以后能源用尽，是不是会回到农业社会？或者：放任资本主义的市场经济，最后会不会变成美国独霸天下？对于类似的问题，我的响应非常简短：这种问题太大了，我的智能无法处理。而且，无论答案是正是负，都和我们离得太远。譬如，即使我们很确定，彗星会在五百万年后撞毁地球，对我们的意义也不大。因此，最好少想大事，多想和自己有关的小事！

虽然我没有明言，其实还有深一层的思维：天下兴亡问题太大，因此很难掌握，讨论也就容易流于空泛。而且，无论结论如何，都和我们个人的生活无关。因此，不如多花些心力，想些和自己有关的问题，比较务实一些。

这是我一贯的态度，我知道在学理上也站得住脚。不过，有一次应邀到香港城市大学客座一学期，到香港之后的耳闻目见，却让我有一些不同的感受。主要的问题，当然还是两岸四地的关系。这可是超出个人经验的大事，多少有点"天下兴亡，匹夫有责"的味道。会有这种感触，我想既是游子情怀，也多少掺有过客的眼光，以及旁观者的心境。

在华人世界里，中国大陆当然具有举足轻重、动见观瞻的地位。这种引领风骚的情境与改革开放之前相比，真是不可同日而语。因为大陆幅员广、人口多、人民刻苦勤奋，所以只要政治稳定，很快将成为世界上最大的单一经济体。不只主导地区性的发展，更将在国际舞台上具有关键的地位。

内地发展面临考验

当然，大陆未来的发展，绝对不是一条康庄大道，而将面临各种考验。除了经济增长本身的难题之外，区域之间的分配问题，也将愈益重要。而且，长远来看，经济发展之后的政治改革，更是对传统文化的一大挑战。不过，至少在短期（一二十年之内）有两点因素，令人对中国大陆的前景乐观。

179

首先，"文化大革命"的惨痛经验，以十年浩劫来形容，一点都不为过。对日前的领导阶层而言，都曾身历其境。因此，维持政治社会的稳定，可以说是众议佥同的心愿。其次，改革开放之后，经济快速发展，绝大多数的民众，都尝到经济活动的果实。而且，参与经济活动，会促使人们以务实、理性的态度面对问题。在这两种因素影响之下，我认为在大方向上、在短期之内，大陆的发展前途看好。

香港的情形，一言以蔽之，是处在酝酿变化的阶段。在大陆开放之前，香港稳坐东方之珠的地位，之后，很快就面临上海的挑战。而且，过去还占优势的轻工业，现在正快速地被大陆所取代。此外，本身既没有天然资源，又没有特殊的产业。因此，在经济活动上，香港显然要慢慢琢磨出自己的定位，为自己在华人经济区，乃至于国际经济体系里，找到新的立足点。

香港优势，华人自豪

然而，香港的问题，并不特别令人担心。香港现在已经被雕塑成一个法治的社会。而且，在工作态度（work ethics）上，一般民众的敬业精神，也令人印象深刻。在华人社会里，香港的敬业态度可以说已经非常接近现代西方社会。这种境界，不只是香港人的骄傲，也足以令所有的华人自豪。

我认为，如果香港在两方面持续努力，即使短期里定位不明，长期的发展非常令人乐观。一方面，是进一步加强英语教育，让民众能完完全全和国际接轨；另一方面，是加速推展普通话。如果这两方面能齐头并进，结果非常清楚：和大陆相比，香港人的英文能力强，可以作为大陆对外贸易的桥梁；和英语世界相比，香港人的中文较好，可以成为西方世界和大陆联系的媒介。因此，英文好，可以参与国际经济活动；中文好，可以参与大陆的市场活动。香港因缘际会，可以享有双重优势（the best of two worlds）。所以，因为特殊的地理位置和历史经验，香港可以利用过去的基础，把自己塑造成华人经济圈里的枢纽。这种地位，不是上海在几十年之内所能赶上或取代的。

两岸四地的另一环，当然是我出生、成长、工作的地方——宝岛台湾。也许就是因为在岛上生活呼吸了几十年，身处其中，对问题的体会也就更深刻。

台湾经济，有非常令人肯定的一面。经济上快速成长之后，已经开始民主化的过程。而要成为成熟的民主社会，还有相当一段路要走。然而，除了民主化的考验和挣脱经济不景气的低迷之外，我认为台湾正面临一个令人困惑的难题。

本土意识不利台湾

简单地说，在台湾社会，"本土化"和"去传统中国化"变成时髦的政治正确（political correctness）。这是正常政党政治攻讦倾轧之外的产物，而且方兴未艾。台湾，明明承继中华文化，而且在某些方面，事实上最可以宣称是华人文化的继承者、捍卫者和发扬者。然而，现在不但扬弃丰富可观的文化资产，还有意诉诸抽象率直的本土意识。

当然，强调本土化的气氛，不能完全归责于某些政治人物。毕竟，如果没有市场，政治人物不会无的放矢。本土化的主张，也许呼应了某些民众的心声，他们认为长期受到压抑，希望有宣泄情怀的机会。但是，本土化的做法，不但自外于文化传承，也和国际化反向而行。当其他社会正全力向国际接轨时，台湾却似乎要走向"锁国"的路径。由长远的眼光来看，在经济和文化上，这种走向都不可行。不过，耗费在这个过渡阶段的时间心力，以及所错失的机会，却是真实无比。至于要花掉多久的时间，才能度过这个过程。老实说，我不清楚。

对于超越个人经验的问题，我一向保持距离。到香港之后，心有所感。不过，即使能说出一番道理，大概只是想当然耳的说辞而已。然而，虽然旁观者迷，但却心有所感，应该还是那份贯穿两岸四地的华人性格使然吧！

半个世纪后的台海关系

在不同的领域里，会处理不同的问题。可是，问题的表象或许差异很大，分析的方式却往往相通或相同。

史蒂芬·柯维（Stephen Covey）的《高效能人士的七个习惯》（*The Seven Habits of Highly Effective People*），畅销世界千百万册。书里提出诸多有趣的观点，其中之一是"墓碑式"的人生规划：脑海里先自问，当自己走完人生旅程寿终正寝时，希望亲朋好友在墓碑上镌刻什么字眼——"这里长眠的，是一位正直有爱心的人"。或者，"这个人对生命有无比的热情"。然后，以墓碑上的字眼为目标，逆推回到现在，再作对应的取舍。自己的所作所为，要朝目标慢慢前进。

数学和经济学里，也有类似的概念。根据起始的条件（initial conditions），先计算体系最终的理想状况，然后，再一步步地逆推回来，找出每一个环节上该有的作为，描绘出所对应的轨迹。这种运算方式的专有名词，称为"逆向归纳法"（backward induction）。抽象来看，其实就是"墓碑式思维"。

无论是华人社会，亚洲乃至于世界所面临的，两岸关系是最重要的考验之一。台湾政治上的蓝绿倾轧、敌我对峙，只是眼前的波折。那么，两岸关系终究会是如何，台湾又该如何自处呢？以墓碑式思维／逆向归纳法琢磨，不但有智识上的兴味，更有政策上实质的启示。问题很简单，一旦略去眼前的扞格起伏，当尘埃落定，两岸关系的状态将会是如何呢？

这个问题，已经在我脑海里翻搅折腾许多年。但是，以我所知，只有社会评论／思想家南方朔曾经为文处理过。他的观点，是以英格兰（England）和苏格兰（Scotland）为参考坐标。一言以蔽之，北方的苏格兰和南方的英格兰，有不同的言语、历史和文化背景。千百年来，彼此厮杀倾轧。但是，各种力量交互运作之下，两者终究形成微妙的联盟，成为大英帝国（United Kingdom）的主要成员。苏格兰依然维持本身独特的传统，但是在文化、艺术、科学等方面，源源不断对英国社会做出贡献。

南方朔的分析之外，我自己的一得之愚，也可以敝帚自珍一番：两岸关系达到稳定而可长可久的状态时，将类似大陆和中国香港的情况。两者都来自于同样的文化背景，使用共同的语言文字，处于平等互惠的相对地位。也就是，以历史背景来看，中国台湾和中国大陆的关系，密切是常态，隔绝是变故。以目前经贸人员物资的交流来看，不可能一直处于敌我对峙的情境。若干年后，在各种力量的运作之下，台湾和大陆的关系将是紧密、融洽、互惠共荣的局面。两者之间会形成"一加一大于二"的情境，几乎可以断言。

当然，两岸关系以苏格兰/英格兰譬喻，只是参考坐标，未必完全贴切。不过，参考坐标的主要功能，就是在于提供了思维上的着力点，利用参考架构，思索眼前真正面对的问题。

无论如何，台湾与其在蓝绿和敌我的架构中原地打转，不如放开视野，拉大场景。不是以古为鉴，而是以未来为出发点，以遥远地平线的状态为基础，找出自己安身立命和追求福祉的轨迹！

大哥的架势

在国际舞台上，中国大陆无疑已经是"一哥"，前呼后拥、呼风唤雨。在华人社会里，中国大陆也坐拥大哥的地位，众目所瞩、众望所系。相形之下，中国台湾、中国香港和新加坡，是华人家族里的小老弟。一哥的问题暂且不表，大哥的招式如何，才能攫取兄弟们的心，才能无愧于大哥的身份呢？

大哥对香港这个小老弟的作为，可以作为参考。1997年前后，大陆曾担心香港回归之后，资本会大量流失。因此，除了解放军进驻香港之外，尊重香港原有的政经体制。结果，回归前房地产曾经暴跌，回归后反而慢慢止跌回升。SARS爆发后，香港风声鹤唳，经济受到重创，而这时，大陆改革开放已二十余年，简单的自由行，开放几省民众到香港旅游。陆客出手大方，一掷千金而无吝色，让香港人体会到祖国同胞的热情和实力。结果是，香港感谢大陆政府，大陆同胞也感谢政府，大陆政府面子里子都有，而且信心大增。

对大陆政府而言，在处理台湾问题上，香港的经验极其重要。当然，和香港相比，台湾问题要复杂微妙得多。大陆政府对台湾的基本态度，其实早就定调。

美国历史上任期最久的众议院议长，是托马斯·奥尼尔(Thomas O'Neill)。他退休之后写了一本回忆录，书名用的是双关语，勉强可以译为《一家之主》(*Man of the House*)，书里有一段提到台湾。在北京和邓小平第二次碰面时，他问小平同志："为什么你总是在谈台湾问题，这不过是一个小岛和两千万不到的人口。依我看，台湾对你来说应该不具任何意义，你当然有更重要的事要担心。"邓小平说："你说得完全对，不过我们的老百姓希望听到。"

因此，大陆对台湾的策略，有几个明显的影响因素：邓小平揭橥的政策、香港回归后的经验、大陆本身改革开放后的政经筹码。除此之外，有两点新的发展，也逐渐影响"北京大哥"对"台湾老弟"的态度。

首先，长期执世界牛耳的"一哥"美国，卷入阿拉伯世界的纷争，9·11曾是重大的警讯。因此，美国在反恐自保的作为上，必须寻求大陆的支持。其次，在改革开放的过程里，大陆逐渐借外力而刺激和冲击内部，而台湾在政经、民主法治方面的发展，刚好成为推动进展的参考坐标。

因此，因缘际会，在主客观情势下，大陆享有极其有利的条件，可以从容自在、优雅得体、大方圆满地面对台湾，并且协助台湾解决问题。现阶段，台湾面对的两大难题，就是经济衰退和族群融合。对于台湾的经济困境，大陆大可以概括承受，而且无限上纲。以大陆经济的丰沛资源为后盾，以温馨婉转的软实力为手段，成为支撑台湾经济的长城。

一旦经济难题抒解，台湾就有余力面对较棘手的族群问题。事实上，大陆解决了台湾的经济问题，也间接解决了台湾的族群问题。而解决了台湾的两大问题，自然也巩固了大哥本身的地位和威望！

当大哥是一种享受，也是一种牺牲。而且，应该是先有牺牲，才有享受。当大哥如此，当一哥也是如此。大陆能不能扮演好大哥和一哥的角色呢，尧舜禹汤文武周公孔子以降的列祖列宗，都在擦亮眼睛……

三分天下的趣味

老子的《道德经》里提到："道生一,一生二,二生三,三生万物。"短短一句话,衍生出许多自成一格的阐释。重点是在一、二、三还是在万物,当然是好事之徒闲嗑牙的材料。

由大千世界来看,一二三各有所长。一以贯之的例子,随手可拾:任何时点上,国家只有一个元首,家庭只有一位户主,公司只有一个CEO。两全其美的情形,也所在多有:民主社会,最后大多形成稳定的两党制;绝大多数的家庭,是由两人所组成,无论性别;下棋、探戈、吵架、打架,无不是两两捉对厮杀。相形之下,三似乎有意无意地受到忽视。然而,对于个人和社会而言,三的重要性其实无与伦比。

众所周知,三权分立是人类社会经过长期的尝试错误发展而成的政治体制。行政、立法、司法这三个权力,彼此支持又彼此牵制,既联合又斗争,称之为"制衡"。制衡的曲折，值得稍做琢磨。如果只有两种权力，问题显而易见：当两种权力之间发生冲突，怎么解决？而且，如果只有两种权力，彼此之间几乎一定处于对立较劲的状态，平白浪费时间气力。有了第三种权力，刚好可以化解两者对立冲突的矛盾；一旦三足鼎立，就足以支撑整个政治体系的重量。

另一方面，行政、立法、司法这三种权力，表面上看各有独立运作的空间，追根究底，其实彼此权力有重叠，而且可以替代。譬如，行政部门的作为，司法体系可以通过官司和解释，认定违法或违宪；司法体系的决定，立法部门可以通过法案更改修正，包括一般的法律和最高层次的宪法；立法部门的决议，行政部门可以因为窒碍难行，要求重拟或请求司法救济。

三种权力之间，环环相扣，彼此各擅胜场，但是也不能唯我独尊。在本质上，三种权力之间，等于是提供了处理公共事务的"其他可能性"（the alternatives）。在一种权力的领域里行不通的事，可以向另外两种权力寻求补救。权力不定于一尊，刚好暗合经济学所强调的"竞争"——市场里最好不要只有一家厂商，竞争比垄断好！

三权分立，是演化过程的产物，如今引领风骚，几乎成为普适价值。将来命运如何，谁也不能说。不过，有趣的是，另外一种层次上，"三权分立"的做法，却已经在物竞天择的过程里，为大自然所接纳和肯定——这种现象无庸外而求也，就在万物之灵的身上！

心理学家弗洛伊德的人格理论广为人知：一个人的人格由本我（id）、自我（ego）和超我（super-ego）三者所组成。这三者不是与生俱来，而是随着人的出生成长，逐渐发展而成。本我，在婴儿呱呱落地时就存在，反映各种饥渴冷热等生理欲望。随着年龄的增长，自我逐渐出现，是节制本我的力量。而后，生理的满足之外，人会转而追求财富、地位、赞美、肯定等价值，就是由超我来驱动和主导。因此，约略来说，本我代表原始欲望，自我是现实考虑，而超我则是精神层次。三者既联合又斗争，交互运作之下，挥洒出智愚贤不肖、一个个多彩多姿的人生。

抽象来看，立法、司法、行政的三权制衡，是长期演化的结果；本我、自我、超我的人格结构，也是长期演化的结果。三权鼎立，可以维持社会的稳定；三我鼎立，可以支持个人的存活。这么看来，老子的"三生万物"，是否为当代政治理论和人格理论的滥觞？！

领导人唱卡拉 OK

圣雄甘地（Mohandas Karamchand Gandhi）是举世对这位印度之子的尊称。他倡导不合作运动，以和平非暴力的手段，带领印度人民脱离英国殖民统治而独立。1948 年，诺贝尔奖评选委员会已经决定将和平奖颁发给他。然而，他却在 1 月 30 日遇刺身亡。当年的和平奖有意空缺，委员会表示：当世之人，没有人适合得此奖！

因此，"圣雄"这个称号，早已跨越国界，而成为世人对甘地的推崇和仰慕。相形之下，华人社会里对领袖的歌颂，要远远地有过之而无不及。清朝圣祖康熙的谥号为"合天弘运文武睿哲恭俭宽裕孝敬诚信中和功德大成仁皇帝"，他的丰功伟业，懿德美行，真是令人神往。当然，满族人入主中原，开创大清王朝几百年的盛世，成就确实可观。不过，内有太平天国，外有八国联军，生灵涂炭，丧权辱国的慈禧太后，谥号是"孝钦慈禧端佑康颐昭豫庄诚寿恭钦献崇熙配天兴圣显皇后"。同样的超凡入圣，德配天地，

192

这又是为什么呢？

显然，华人社会对于皇上／太后，一贯以华丽的辞藻和道德性的冠冕，加诸他们的身上，无论智愚贤不肖。那么，存在不一定合理，存在一定有原因。这种华人社会的特殊现象，原因到底何在？

曼瑟尔·奥尔森（Mancur Olson，1932—1998）是经济学者，但是在集体行为（collective action）方面的研究，对政治学和经济学都有深远的影响。《权力和繁荣》（*Power and Prosperity*）这本书，在奥氏过世后出版（2000 年），是他的集大成之作。最后两章算是未定稿，由他的夫人根据遗稿集成。书里有诸多发人深省的观点，其中之一是对"吾王永祚"（Long Live the King）的解释。

当皇帝／后还没有登基前，身边已经环绕着一小撮亲信，这些人一方面侍奉主子，一方面和潜在的王位竞争者明争暗斗，各为其主。一旦皇帝登基，鸡犬升天之外，投靠效股肱犬马之力的人逐渐增加。当然，天下非朕一个人所能治，需要左右手以及他们的左右手等。这个集团除了供奉皇上之外，也能狐假虎威、耀武扬威、吃香喝辣。然而，对于这些人和这些人雨露所及的人而言，一切的荣宠和享受都来自于皇上，皇上一旦驾崩或去位，富贵荣华转眼成空。因此，"吾王永祚"的口号，真诚地反映了这个利益集团的心声，希望权益结构能稳定不变，愈久愈好。

回到华人社会英明领袖／长串谥号的问题上。背后的道理，其实和奥尔森的道理前后呼应，异曲同工：在华人历史上，权力定于一尊。皇帝一言九鼎或更重，而且几乎没有制衡的力量。权力的节制与否，不是来自于制度，而是由皇上自己取舍。因此，面对随时可以诛九族的权势，手里没有棒子的臣民，只好诉诸萝荸——以极端尊崇的语句恭维皇上，希望皇上能考虑自我形象，行为不至于过度逾矩。也就是，希望英明伟大的皇上，能自我节制约束，至少稍稍照顾到臣民的福祉。

相形之下，在民主成熟、制衡机制正常运作的社会里，领导人定期更迭，民众当然无须以华而不实的词汇，铺张于领导人的身上。在日本政坛，首相来来去去已经是常态。既然文官体制健全，大家对首相期望不高，首相有点像是在唱卡拉OK——手里有麦克风时好好表现，曲终就赶快下台，好让另外的人上台唱歌（当首相）。

由历代帝王的谥号里，大概很难想象当年庶民的景况。由当代诸多唱卡拉OK领导人的举止，大概也很难想象现在庶民的景况！

大问题是不是问题？

衡量一个社会的状态，经济学者常用国民所得为指标，政治学者往往以民主程度为准，当然，法律学者通常检验法治的有无。有趣的是，这三个指标经常殊途而同归：国民所得高的社会，民主程度也高，也普遍有法治。不过，除了这些常见的指标之外，其他的一得之愚也常常有盲人摸象式的效果——照亮了问题的某个面向，而且发人深省。

诺贝尔奖得主阿马蒂亚·森 (Amartya Sen) 悲天悯人，对自由、贫穷、公平等问题，论著很多。其中广为人知的论点之一，是"信息"和饥荒之间的关联。他发现，印度历史上每隔一段时间，就会有饥荒，死人无数。然而，当饥荒发生时，粮食产量却未必匮乏不足。关键所在，是信息能不能自由流通。

如果信息不受压抑，一旦某个区域粮食不足，粮价上升，其他地区多余的粮食，自然会流向这个地区。否则，即使粮食产量充分，因为信息闭塞，也可能导致某些地区发生饥荒。这是有趣的观察，令人更深切地体会到媒体开放、言论自由的重要。

中文世界里，历史学者黄仁宇的主张也很受瞩目。他认为，衡量一个社会发达与否，关键在于"数字管理"。他的心目中，古老的帝国幅员辽阔，中央政府要有效治理，非得有基本的统计资料不可。对于粮食产量、人口壮丁、官员税收、道路河渠等，各级政府都必须有能力记载和计算。

对他来说，一个帝国就像一个公司，数字管理似乎等于公司治理。历史学者慧眼独具，别树一帜。不过，由社会科学的角度来看，"数字管理"的概念颇值得斟酌。两个例子，足以反映潜在的问题：首先，华尔街的上市公司，毫无疑问都有数字管理的能力，然而，破产崩溃的不计其数。其次，黄仁宇曾在书中提到："新中国（1949 年）成立之后，已具备数字管理能力。"这句话语意模糊不明，更无法为往后的"文化大革命"十年浩劫自圆其说。

因此，森的"信息流通"和黄仁宇的"数字管理"，都有贡献，但是意义不同。信息流通的概念，烘托出社会运作重要的一环。数字管理的概念，听来方正有力，其实不然，对于掌握社会运作的重要面向，帮助并不大。

然而，对于了解华人社会目前的进展，信息流通和数字管理这两种概念，意义似乎都很有限。以台湾而言，信息不仅充沛，甚至已经到泛滥的地步，各种典章制度灿然大备，早已超过数字管理的标准。可是，二三十年快速的经济增长之后，十余年来台湾似乎是处于停滞、原地踏步的状态。是哪里出了问题？如果希望提纲挈领、一言以蔽之，诊断又为何？

由一桩具体的事例来看，也许可以稍有所得。2005 年初，面对"全民健保"日益严重的财务问题，"卫生署"委托一位学者规划了一场"公民会议"。这位社会学者请了二十位"公民代表"，士农工商都有，连续开会五天，然后提出政策建议。"卫生署长"陈建仁，亲自到场向公民代表鞠躬致敬，感谢他们的辛劳，并且表示：将以公民会议决议为依据，规划第二代全民健保。

不久之后，陈建仁参加台大校长遴选，但是在第一轮就被淘汰出局，很可能就和这场"公民会议"有关。全民健保有收和支两大方面，无论收支，都涉及复杂的专业知识和利益冲突。由二十位公民开五天会，就决定事关数千万民众、每年数千亿台币花费制度的兴革，这种做法，即使不算是暴民会议或闹剧，也绝对是把重大公共政策当儿戏。同样的道理，难道开五天的公民会议，就能决定教育政策、交通政策吗？五天的公民会议，就能决定台大的发展方向吗？这种联想，想必令台大师生和遴选委员一身冷汗，猛打冷颤。

对于重大公共政策，陈建仁的处置固然荒腔走板，然而他的责任其实有限。全民健保制度的始作俑者，才是真正的麻烦制造者，也才真正显露出问题的本质。

台湾地区，原来有公保、劳保、农保三大体系，各处理不同群体的医疗保险。1995 年，在"行政院长"连战指示之下，规划和推动"全民健保"，一方面结合原来的农公劳保三大体系，一方面纳入所有其他的民众。全民健保成了重大政绩，一时风光无比。

然而，全民健保，其实埋下了两个棘手的大问题。一方面，健保把公私立大小医院诊所几乎全部纳入，打破了公营民营、政府市场的界限。既要处理人为定价（千万种药品和医疗行为）的难处，又要面对稽查考核（千万家医疗单位）的麻烦。这种管制经济的营运方式，在台湾竟然活生生地出现。另一方面，如果健保财务能独立自主，就可以和政治力脱钩，看起来是自生自灭，其实是像潜水艇防水舱，能防患于未然。可惜，全民健保成为政治体制的一环，自然也成为各种利益团体竞相染指的禁脔。

后见之明来看，以台湾的文官体系和政治运作，其实还不足以处理全民健保这种规模的问题。贸然推动，等于制造出一个慢慢膨胀的问题雪球。陈建仁的公民会议，只是问题的一环，也正好验证了"问题"和"处理能力"之间的落差，是台湾社会一直存在的特质。因此，抽象来看，处理问题机制的存否，似乎可以作为社会的发展程度的指标。对于规模大、范围广的问题，如果已经发展出适当的机制，能平实、持续、有效地因应，就是一个成熟稳定的社会。而且，民主或独裁并不重要，重要的是处理重大公共政策的方式和程序。当然，在独裁的体制之下，处理重大公共政策时，不容易长期维持自我检验和自我调适的能力。

这么看来，评估社会成熟与否的指标，似乎就在于处理"大问题"的能力。对于一个社会而言，如果"大问题"是小问题，甚至是不成问题，这就是一个稳定上轨道的社会。而且，抓老鼠的猫，无论黑白，还必须会抓大的老鼠，才算是好猫！

华人社会里，中国香港、新加坡、中国台湾和中国大陆，哪个社会已经具有稳健处理大问题的能力了呢？

谁讲话算数？

我曾在西安交通大学的"金禾经济研究中心"待了两周，讲授一门研究生院的密集课程。这个中心有点特别，老师全是从台湾千里而来的经济学者；而研究生，则全是经过交大正规考试、录取注册的学生。开办以来，经历荜路蓝缕的阶段，现在已经发展出博士班；学生的表现，校内外都有好评。

所得税与大一统

除了教书之外，少不了游览附近的古迹名胜、帝王陵寝。晚上，也偶有杯觥交错的餐叙。耳闻目见，席间闲谈，都接触了不少有趣的信息。有一次，听交大的老师谈起，他们也要开始缴个人所得税了。只要月薪超过2000元人民币，会计部门就会由薪水里，自动扣下某个数额，然后上缴国库。

这种做法，有点粗糙，但显然是个人所得税的雏形——即使老师们开始付税，但是无需作年度申报。还有，路边巷口卖果菜的小贩和农民，自然还在税收体系之外。在十几亿人口的经济体系里，要发展出一套所得税制，可不是小小的挑战。

另外，课堂上讨论两岸问题时，虽然语调平缓，还是有不少学生表示："大一统"的思想，几乎已经是情感问题，而不能用理智来分析！

所得税和大一统，似乎是风马牛不相干的两回事。然而，说来奇怪，这两件事，却和我近一两年来断断续续琢磨的问题有关——一言以蔽之，思索公共政策时，到底该从"公民"的角度着眼，还是从"纳税义务人"的角度论述？

很明显的，只有在某些时空环境之下，"公民"和"纳税义务人"这两个概念，才有实质的意义。封建社会里，老百姓要承担税负，要出壮丁从军打仗。他们要纳税，但是却没有发言的权利。他们可以说是"子民"，而不是现代社会里的纳税者。他们，当然也不是公民。公民，能表达自己的意见，能参与政治讨论，能以选票或其他方式影响公共事务。因此，只有在适当条件的配合支持之下，公民和纳税者的身份，才反映了一般民众承担责任同时参与政治的权利和权力。

不过，现代民主社会里，公民和纳税者这两者之间，

201

却有一点微妙而重要的差别。公民，是社会的一分子，基于这种身份，对公共事务表达好恶，想当然耳。相形之下，纳税者，是分摊公共支出重担的出资者，基于这种身份，对公共事务臧否是非，也是直道而行。那么，在讨论公共政策时，由哪一种身份出发，比较有说服力呢？

税负与福利

由公民的角度立论，想来理直气壮。公民，通常意味着有投票的权利，有参政的自由，是社会的中坚。既然公共事务和社会大众有关，站在公民的立场论述，最能反映大众的情怀，以及公共政策该有的利弊考虑。譬如，国民义务教育、核能发电、交通治安等议题，以公民的福祉为依归，琢磨之后，往往可以得到明确可循的方向。

然而，稍稍深究，这种思维，看来耀眼，却似乎经不起考验。无论是义务教育还是交通治安，乃至于其他公共政策，都免不了涉及政府支出。而在民主社会里，政府的支出，最后还是来自于民众的荷包。因此，问题的关键，通常并不在于要不要或有没有（义务教育、交通治安等），而在于要有多少——多一些公共支出，就意味着多一些税负。

特别是，很多公共支出的性质，是前人栽树、后人乘凉。譬如，把污染的空气、河流、街道、环境弄干净，要花不少钱，但弄干净之后，维持比较容易。然而，最初的花费，却往往由当代的老百姓来承担，享受成果的，却是世世代代的子孙。因此，对于公共政策的考虑，最好由实际出钱的人讲话——纳税人愿意负荷多少税赋，就支持多少公共支出。

然而，也不尽然！在法律上，公民有许多不同的定义，和出生地、血统或居留时间有关。无论法律的规定如何，在观念上，反映了一个人对于身处的社会，有一种特定的历史经验。基于文化、历史和生活经验，能体会到这个社会的喜怒哀乐、思维逻辑，在面对公共政策时，也就能真实贴切地回应。譬如，面对国家急难或敌国外患，自然而然挺身而起，而和纳税与否无关。

不过，未必如此。追根究底，公民这个概念的核心，其实是空洞的，符合出生地或血统规定，只是形式而已。公民的具体内涵，看不到，摸不着。相形之下，纳税者的概念，明确而具体。对于公共政策涉及的成本效益，纳税者可以清楚地自我评估。事实上，即使是危急存亡之秋，社会大众还是要面对潜在的、抽象的、长远的利弊评估。只不过，这时候纳税者所承担的"税赋"，不再只是口袋里的钞票，而是另一些比较难以言喻的负担而已！

公共事务的取舍

其实，公民和纳税者这两个概念，是由不同的成分和材料所雕塑。而且，即使内涵不同，在某种意义上，两者可以说是相通的。民主社会里，公共事务的决定，最后不是诉诸英明领袖或官僚体制，而是一般社会大众——无论是公民还是纳税者。还有，公共事务的取舍，最后是诉诸利弊得失的考虑——社会大众对利弊得失的判断。也就是，公民和纳税者的差别，是着眼点和轻重上的不同，而不是本质上的差异！

对华人文化而言，中国大陆未来的走向，以及对公共政策的取舍，无论是基于公民还是纳税者，显然都是一条漫漫长路。所得税制和两岸问题，不过是这条漫漫长路上两个必经的小试炼而已，不是吗？！

能为黑暗带来光明吗？

在八年任期里，陈水扁涉及许多贪渎弊案。其中最重要的，是假借"第二次金融改革"之名，和主要财团利益交换，财团以不合理的价钱并购金融机构，陈水扁则得到近五十亿台币的"政治献金"。

经过审理，陈水扁图利贪渎成立，他除了进牢服刑之外，贪污所得必须缴回"国库"。可是，那些财团共犯呢？对于他们的犯行，是要"恢复原状"，还是"追缴不法利益"？老子曾说："治大国若烹小鲜。"也许，小事一桩可以作为参考坐标。

小犬读高中，前不久在学校操场打篮球，把钥匙和手机忘在场边，回头找时，已不见踪影。他发挥柯南精神，找到当时上体育课的那一班，一问之下，果然有人捡到，而且已经送到生活组。他在生活组找到他的钥匙，但是没有手机。显然，捡到东西的人，把手机留下打算自己用（暗杠）！

教官把拾金不昧的学弟找来，三下两下就弄清楚原委。学弟认错，表示悔意。教官打电话来，问家长意见。我提议，写悔过书1500字，而且要强调面对诱惑时如何自处。此外，二选一：到图书馆劳动服务，整理图书20小时，或者背三篇《古文观止》里的文章，由小犬选文章和验收！出席协商和解的共有六位：小犬、学弟和学弟的妈妈、双方导师、教官。结果是：学弟同意，既要到图书馆整理书也要背书。小犬选定三篇古文，也答应要一起背。

背古文的目的有许多，最重要的是让两个当事人接触好几次，把原先的疙瘩抚平，以后成为朋友，希望坏事变好事。小犬的导师还买了一本书，送给学弟。校长知道之后，为这个茶壶里的风暴划下一个正面的句点：他请两人一起吃便当和闲聊，寓教育于无形！因此，以小见大，一言以蔽之，就是出了问题可以"善"后——事后妥善处理，希望不只能抚平问题，还能诱发出正面光明的因素！

"二次金改"听起来冠冕堂皇，其实是挂羊头卖狗肉，而且诱发了人性的黑暗面。陈水扁和财团唱双簧，联手贱买（卖）公有行库，各遂所私。倒霉的是纳税义务人，也就是社会大众，更破坏政府体制，留下棘手的烂摊子！

财团负责人要承担刑责，司法体系却要琢磨出适宜得体的善后之道。法律上处理违约侵权等，有两个相关的概念：把手机返还物主和赔偿电话卡，是"恢复原状"；把贪渎所得到的利益交出，是追缴"不法所得"。可是，在处理"二次金改"的问题上，这两个概念都捉襟见肘。

财团吞并公营行库后，人员制度数据等，都已经整合；即使打散重组，也不可能恢复原状。合并时，到底交易价格和市价差了多少，合并后的金控公司到底赚了多少利益，也不容易估算。因此，不法所得是多少，恐怕专家也头疼难解。在这种情形下，现有的法律概念不足恃，也许就值得援用善后的基本精神——让坏事变好事，为黑暗带来光明！

具体而言，特侦组检察官可以利用手中的筹码（起诉、求刑、罚款等），"诱导"财团负责人认罪协商。不必追缴不法所得，但是要求财团成立基金会，长期挹注一定金额，从事社会服务，以赎前愆，并且逐步重建企业形象。基金会发挥社会功能，也永远是一种提醒——企业（特别是金融业）没有任期制，不能只追求眼前的利益，忽略长期的利益，更不能辜负社会大众的信任和托付！

财团涉及的金额高，但是洗心革面和自我救赎容易；相形之下，陈水扁家族如何改头换面和自我救赎，就不是简单的问题了！

华人文化的深层结构

在花莲和地方人士座谈时，有人提到北回铁路车票难买，马英九当场回应："以后买票有困难，直接找我！"即兴式的言语，当然引发媒体和谈话节目热烈的回响。

然而，以小见大，马英九的言行透露出哪些深刻的意义或深层的讯息呢？依我浅见，马英九不经意的一句话，不仅反映了他个人的心态，更具体而微地反映了华人文化的某种深层结构。见微知著，令人黯然神伤，但是也令人乍见曙光！

自有文字记载以来，华人社会就是君主世袭，无论是兄终弟及、父死子继，或经过宫廷恶斗而定夺。《孟子》里的"民为贵，君为轻"，只是期望、要求、遐想，而不是事实。

通过封建世袭这种政治制度，主要解决了两大问题：权力的分配和继承、资源的配置。但是，为了支持这种制度，除了军队特务之外，最好还有其他的配套措施。因此，儒家思想，刚好提供了君君臣臣父父子子，天地君亲师等思维。这些脑海里的观念，是一般民众言行的规范，也是支持政权的民意基础。

世袭封建制度，有诸多优点，但是伴随而来也有明显的缺点。最重要的之一，是在单一权威（天子）之下，缺少竞争制衡的机制。由《资治通鉴》可以清楚地看出，华人历史似乎是一种宿命式的循环，周而复始：短则数十年，长则两三百年，权力带来腐化；朝政腐败，民不聊生，有人揭竿而起；黄袍加身、改朝换代之后，新人新政；国泰民安数十年或一两百年之后，腐化的问题再次出现；天灾人祸之下，民不聊生……朝代名称官衔谥号容或不同，上演的戏码本质上却无分轩轾！

清朝覆亡，孙中山肇始的中华民国（1912 年），号称是亚洲第一个民主共和国。然而，山头林立、军阀割据的状态，不过是群雄并起、逐鹿中原的翻版而已。国民党内战失败后，退守台湾，历史上被忽略割让的弃儿，转眼之间成了华人文化转折的契机。

经济快速发展后，一党专政（独裁无胆，民主无量）的体制，终于抵挡不住中产阶级以经济力量为后盾要求政治权利的浪潮。1950 年开始地方自治和选举，贿选作票无役不兴。直到半个世纪之后（2000 年），政党轮替揭开新页。长年研究民主、曾任美国政治学会会长的西摩·李普塞特 (Seymour Lipset) 教授，在 1959 年和 1994 年分别发表"民主探微"（Some Social Requisites of Democracy：Economic

Development and Political Legitimacy）和"民主探微：再议"（The Social Requisites of Democracy Revisited）。他反复论证，支持民主这种体制需要很多条件，其中之一是经济活动的水平。根据实证资料，当所得超过6000美元时，民主制度将不容易再走回头路。因此，台湾地区，民主制度已然生根，法治将步后尘而来。

然而，民主的形式（选举代议、权力和平移转），毕竟只是粗具。支持民主的配套措施，特别是脑海里的思维观念，却还有待时间的孕育雕塑。马英九似乎诚挚负责地响应，不经意地透露了脑海里陈腐的封建思想：在帝王专制时代，民胞物与、爱民如子。

在民主法治时代，分层负责、各司其职，买车票的事该由"最高行政首长"来慨然承当吗？！可见得，在哈佛大学法学博士的方帽之下，覆盖的是由小到大、耳濡目染的封建思维！但是，这也正意味着，时间拉长之后，在民主体制下成长的后代子孙，将会逐渐孕育出支持民主体制的思维观念。

好佳在！花莲乡亲提出的是火车票难买，而不是失业失学、女婿媳妇难寻，或者是小黄小黑配偶难找……

第四部　说法律

公平的局限

儿子的表哥到家里来和他一起玩，表哥读小学二年级，儿子上幼儿园大班。虽然他们只差三岁，可是两个人块儿头差了一大截。表哥的体重大概是儿子的两倍半——儿子太瘦，表哥稍微过重。

帮他们分点心时，我给表哥五颗巧克力，给儿子两颗。儿子眼睛尖，个子小但嗓门大地马上提出抗议：不公平，为什么他比较多？我说，因为他个子大，当然应该多几颗。儿子不得理也不放松：个子小才应该多吃几颗，大小孩应该少几颗！

我在儿子盘子里又加了三颗，表哥没有意见，儿子也不再得寸进尺，茶壶的小风暴就此平息。

某天，我从图书馆里借了一本名为《公平：理论和实际》的书，翻着翻着，脑子里又闪过儿子争糖吃的事……

作者在书前的序言里一开始就提到，"公平"并不存在。不存在的理由有三：第一，"公平"，只是一些伪善者

213

用来掩饰他们私利的说辞而已。"公平"本身并没有根本的内涵，所以当然不存在。第二，即使"公平"在某种概念上有意义，可是完全是一个"主观"的概念，不能作科学性的分析。因此，公平在"客观上"并不存在。第三，即使公平或许不完全是个主观的概念，可是，到目前为止，还没有出现任何有意义的理论。因此，在学术研究上，公平并不存在。

虽然作者在一开始就这么斩钉截铁地论断"公平"是一个空洞的概念，不过，对一般人而言，这却是很难接受的结论。在日常生活里，每一个人几乎都无时无刻地碰到公平性的问题：学生坐公交车该不该有优惠票？看电影、买汉堡呢？如果有优惠票，优惠多少才公平？买票看职棒时每个人可以买几张票？可以卖预售票吗？在赛前多久开始卖保留票比较公平？

这些问题显然在某种意义上都和公平有关。事实上，作者也承认，或许就是因为公平问题无所不在，所以历史上有许许多多的思想家、哲学家都花了可观的心血思索这个问题。譬如，罗尔斯在名著《正义论》里就想出一个办法来处理这个棘手的难题：在规划各种典章制度时，可以先设想自己眼前有一层薄纱。因为这层薄纱的遮掩，所以一个人不知道自己未来的身份、地位、职业、才情到底是什么，因此，在规划时就可以不偏不倚地设计出合于公平正义的典章制度。

罗尔斯的慧见当然很有启发性，不过，在观念上有意义的琢磨一旦落实到眼前实际的问题上，却显得抽象而空泛。试问，根据"无知之幕"的设计，公交车票和职棒门票的问题要怎么解决？

和罗尔斯大处着眼的方式相比，"公平"这本书的作者采取的是小处着眼的分析角度：即使追根究底公平是一个不可捉摸的概念，不过，从日常生活所面对诸多具体的问题中，或许可以烘托出"公平问题"的性质。这种小处着眼的分析方式事实上比较有说服力，从一桩一桩的具体事例里，可以发现"公平"这个概念的"地域性"：学生在坐公交车看电影时也许享有优惠，可是，买汉堡时却得付同样的价钱。基于公平而有的差别待遇只局限在某些事项上，而不是一律适用。而且，"地域性"指的不只是在事情上的范围，还包括地区、文化、国界上的分野。学生在台湾坐公交车享有优惠票，可是在美国可能就要买全票；相反的，残障人士在美国享有特别保留的停车位，可是在台湾可能就是一视同仁。由一连串事例里，或许比较容易"感觉出"公平这个概念（局限）的意义。

不知道《公平：理论和实际》这本书的作者自己是怎么处理公平的问题，不过，我已经打定主意，将来告诉儿子分巧克力糖的事，然后问他自己觉得怎么做比较公平？

意外不意外

　　某个晚上，7 点 30 分左右，我待在研究室里看书，准备九点钟去接小孩。突然电话铃响，来电话的是一位女士，自称在花莲太鲁阁公园管理处服务。她表示，公园里的热门景点文山温泉，去年初发生落石意外，造成一死、两重伤和几位轻伤。

　　两个月之后，受害人的家属委托律师，要求官方赔偿。他们认定，对于落石，公园没有预先防范，这是"公共设施的设置或管理有欠缺"所造成，符合官方赔偿的条件。管理处认为，落石是天然灾害，不符合官方赔偿的要件。因此，律师代表受害人和家属，提出诉讼。赔偿金额，从原先的1700 万台币，增加到 3100 万台币，包括逝者的父母，各要求精神损失费台币 300 万元。开了几次庭，法官似乎倾向于同意赔偿。没想到，最近一次开庭时，法官谕知：这件官司有点复杂，最好请一位法律经济学者，提供专业意见。而且，法官指名道姓。结果，我就接到这个意外的电话。

管理处陆续寄来相关的数据，多半是土石结构方面的分析。看过事故现场之后，台大地理系张石角教授表示：温泉上方岩石，有松动的可能，何时脱落，殊难逆料，因此最好封闭温泉。对我来说，浸淫法律经济学多年，一向是纸上谈兵、象牙塔里不辨菽麦，从来没有实战经验，有机会接受考验，自然有点忧喜参半。

几天之内，我就飞抵花莲，实地探访。上午先到事故地点，发现温泉已经封闭，但还是有两位原住民老妇，在温泉里怡然自得。我问其中之一，是不是常来，她看我西装打扮，大概以为是官署人士，马上摇头。再问她，世代祖先都在这里泡温泉，有没有落石伤人的事件，她又摇头。

接着，在管理处对相关人员深入访谈，花了好几个小时。下午的重头戏，是去探访两位重伤的受害者。其中一位，是六十开外的妇人，当时重伤，现在每天做复健。但是，外观上，行动自如，言谈举止都很正常。另外一位，是四岁的稚龄小女孩。当时落石打中头部，曾经动手术，清除头颅内血块。根据起诉书，小朋友言语机能受损，右手机能萎缩，必须长期看护。在幼儿园，我们远远隔着大玻璃，看她和其他小朋友嬉戏。幼儿园老师表示：小女孩常用左手，所以她们鼓励她多用右手，事故后，在心理和精神上，并没有退缩不适。

回台北的飞机上，我不自觉地有点感伤：逝者已矣，伤者已经大致复原。然而，律师操作之下，受害人和家属，却经历另一种煎熬。除了自己或亲人受伤和打官司的苦楚之外，现在还要斟酌，是不是像中了"黑色彩票"（black lottery）一样——虽然发生不幸，但是有机会借这个不幸，得到大笔的金钱。当然，律师嗜血，闻腥而至，律师会追救护车（ambulance chaser），中外皆然！

这件官司的曲直，并不特别复杂。关键所在，是管理处有没有责任或过失？如果有，自然适用官方赔偿；如果没有，既然是意外，就以保险的方式来处理。依我观察，这个温泉已经有百年之久，从来没有落石。温泉池边，有矮墙等建筑，为了建池底池边等，施工时免不了一阵挖掘敲打。可是，声响和震动，从没有引发落石。而且，池边就是溪流，每年台风季节，大量土石泥沙轰隆而下，甚至淹没温泉。可是，数十百年以来，也没有造成落石。因此，这次落石伤人，事先没有征兆，可以说纯粹是意外。意外，就以保险善后，问题只是大保、中保、小保而已。

比较重要的问题，是希望从这个意外里，萃取一些智能。具体而言，表面上，在天平的两端，一边是受害人和家属，另一边是管理处。可是，这只是后见之明、往后看（backward looking）而已。往前看（forward looking），是先见之明，是着眼于未来。

一旦往前看，天平两端的利益，变得更清晰明确。一边，是未来意外事件的受害者和家属，也就是一般社会大众，也就是你我。另一边，是公园的管理处，是未来世世

218

代代的游客，是按时缴税以维持国家公园（和支应赔偿）的纳税义务人，也就是一般社会大众，也就是你我。因此，往前看，站在天平两端的，同时是你我。那么，怎么操作天平比较好呢？显然，为了自己的利益，为了社会的可长可久，最好的游戏规则，就是能兼顾天平两边的利益，也就是自己的利益。

抽象来看，往后看和往前看的视野，其实涉及社会基本的典章制度。往后看，是饼的大小已经固定，怎么切饼的问题——已经发生落石事件，怎么究责和善后。往前看，是希望有好的典章制度，未来的饼会愈来愈大。怎么切饼，是着眼于公平（equity，equality）；把饼做大，是偏重在效率（efficiency）。

公平和效率，往往彼此牵动。在文山温泉意外的事例里，如果同情受害人和家属，以优渥的保险理赔，那么管理处员工觉得不平，未来工作诱因降低，意外出现的概率可能因而上升。相反的，如果保险吝于善后，当事人固然悲愤难抑，也违反一般人对公平正义的期待。而且，以后到大自然旅游休憩的意愿降低，反而不利于身心调和。

当然，社会资源多时，可以多强调公平，仔细斟酌如何切饼；社会资源啬吝时，值得多强调效率，希望把饼做得大些。因此，公平和效率，几乎是人类社会所面对的恒久的考验。这么看来，文山温泉的意外，其实并不算是意外，而只是这个终极难题具体而微的缩影吧！

逗点、句点，还是惊叹号？

美国的"师生恋"，曾引起国际瞩目。当事人后续的回忆录、电影剧本、媒体专访等，随之而来。师生恋的曲折，当然也引发诸多揣测和联想。

基本的事实，值得先简单交代：1997年，33岁已婚而且自己有四位子女的玛丽（Mary Kay Letourneau），在一所小学担任老师；小男孩名为威利（Vili Fualaau），当时12岁。两人发生性行为，玛丽以"引诱未成年人性行为"，被判有罪，刑期7年半。服刑半年后，玛丽假释出狱，条件是，她保证不再和小男孩交往。没过多久，警方发现，她和威利在车内相处，违反假释规定，因此，她再度入狱，服完剩下的刑期。

七年后出狱，威利已经成年，当年的师生，现在已经都是成年的男女。他们依然相爱，所以结为夫妇。婚礼的花童，是两人交往过程中所生下的两个女儿。

对当事人来说，这些年来的风风雨雨，可能更加强了彼此的情感。然而，对其他人而言，除了有"戏剧人生"的感受之外，有一连串的问题，值得琢磨。最简单的，是现在他们终于成婚，情感非常真诚；对照之下，他们当初的行为，是不是受到误解。当年法官（和社会大众）判玛丽有罪，是不是错怪了她？

说来有趣，在一个全然不同的领域里，也有情节几乎雷同的"故事"。2004年3月，台湾"总统选举"投票前一天，发生震惊中外的枪击事件。陈水扁以不到百分之一的差距，赢得大选。枪击事件影响大选，殆无疑问，枪击是不是自导自演，是另外一个问题。

社会大众希望找出真相，因此"立法院"通过了《3·19枪击事件真相调查条例》，希望组成"真相调查委员会"，超然独立地运作。然而，《条例》通过后，行政部门强烈反对，认为部分条文侵犯侦查权，有"违宪"之虞。因此，行政部门采取"抵抗权"，拒绝配合。不久之后，"大法官会议"果然作出决定，认定《条例》某些条文确实"违宪"。行政部门似乎有先见之明，当初抵抗有理！

可是，物有本末，事有先后。在"立法院"完成"立法"的那个时点上，行政部门当然要"依法"行政。否则，以"违宪"的理由而拒绝配合，一方面侵犯了大法官独享的释"宪"权，一方面引发"立法"和行政部门间的冲突。两方面，都明显地违反了三权分立、彼此制衡的原则。因此，宪政秩序运作的常轨，是当"立法院"完成立法后，行政部门依法配合，如果认为条文"违宪"，申请解释。在大法官作出解释、认定"违宪"无效之前，行政部门要谨守分际，扮好自己的角色。

同样的道理，女老师当年诱使未成年人发生性行为，明明白白违法。多年后终成眷属，无损于当年违法的事实——大法官事后"违宪"的宣告，并不意味着行政部门可以事先、自行认定"法律违宪"。不过，关于"师生恋"，比较有趣也比较困难的问题是，如果现在有第二位玛丽，也和未成年学生做出同样的事，那么她当然违法（法律还没有修改），可是法官在量刑时，是不是该有所调整呢？

因为有玛丽和威利的前车之鉴，可能又是有情人终成眷属，所以值得从轻量刑？还是就法论法，如果情况类似，同样判七年半——法律之前，人人平等，第二个犯错的人，为什么反而占便宜？然而，除了"轻罚"和"维持不变"之外，采取第三种方式——加重处罚——可能反而更有说服力！

这个立场，似乎违反情理，值得说明清楚。法律所定的处罚，通常包含"罚"和"禁"这两种成分。罚，是针对过去的行为处分；禁，是高举罚责，希望能产生遏阻效果。一般来说，人非圣贤，小过小错，在所难免。违规时，"罚"的成分重，譬如停车逾时、乱丢垃圾等。可是，大过大错，造成的负面影响大，最好愈少愈好，能"禁"则禁，譬如杀人抢劫，通常重罚伺候，原因在此。

就目前而言，诱使未成年人发生性行为，无疑属于"禁"的类别。未成年人，心智还不成熟，对权利义务责任等观念，还在摸索酝酿。一旦被诱惑发生性行为，可能对身心都产生重大、一辈子无可弥补的伤害。因此，成年人和成年人之间的性行为，只要双方合意，刑罚为零。即使涉及婚外情，在许多国家里，都不再以刑法处理，而是援用民事善后。伤害别人的人，赔偿金钱了事。然而，成年人和未成年人发生性行为，代价可观——玛丽被处七年半徒刑，原因就在于此。

换句话说，三种行为，有三种"价格"：成年人之间正常性行为，价格为零；成年人之间婚外性行为，价格为正；成年人和未成年人之间性行为，价格很高。原因很简单，师生恋有美好的结局（？），毕竟只是极其少数的例外。其他娈童症和不美好结局的情形，所在多有，而所有这些案件，却不见得会得到媒体特别的报道。

师生恋成为佳偶的新闻，对于原来泾渭分明的界限，等于是冲破了一道防线。潜在的犯规者（诱惑别人的人和被诱惑的人），可能更容易逾矩；其他的人，也可能降低警觉性。问题一旦真的发生，甚至可能因而姑息了事。因此，如果真的出现另一次的"师生恋"，法官在裁量的范围之内，不但不应该减轻惩罚，反而可以借着难得的机会，加重刑罚。这等于是重整防线，固守原来阵地，希望能再次发挥"禁"的宣示效果！

无论这个故事的结局如何——玛丽和威利从此幸福美满，过着王子公主的日子，或者最终不能厮守终生——并不是关键所在。问题的关键，不是未来，也不是现在他们举行婚礼的时刻，而是过去的那个时点：33岁的成年人和一个12岁的异性发生性行为的那个时刻，不是吗？

天使走过人间

　　《法学与文学》(*Law and Literature*)，是当代宿儒波斯纳教授的巨作。这本书反映了作者才气纵横，不择地皆可出，也反映了法学和文学这两者之间，微妙而有趣的联结。

　　法学当然脱不了语言和文学。法庭里的论对，双方之间的攻防，都和语言密不可分，笔录、起诉答辩书、判决书等，少不了文字。更不用说法学教育、法学论述里，语言文字的重要性毋庸置疑。相对的，文学的小说戏剧里，和官司有关的题材更是罄竹难书。波氏对《威尼斯商人》等名剧的解析，峰回路转，丝丝入扣，见前人所未见本身就是掷地有声的创作。

　　文学作品里的情节，往往是真实人生的扩充或延伸。当然，大千世界里的情节，可不一定是美好的。

　　父母两人吵架，旁边有一大锅沸腾的热水，还有一个九个月大的稚女。妈妈挑衅，你敢把孩子往锅里扔吗？盛怒之下，爸爸真的抓起女婴，丢进水里。女婴全身 84% 烫伤，急救四天之后，离开了人间，离开了她还无法理解的成人世界！

舆论一阵挞伐，千夫所指，都认定凶手罪该万死。虎毒尚且不食子，为人父者，怎么心狠手辣、人性泯灭至此？根据法律，杀人而情节重大者，很可能判十年或更长的徒刑。因此，犯罪的父亲，将在牢里度过漫长岁月。除了面对别人的羞辱鄙视之外，更艰辛的是要面对自己的罪愆和良知。

稚女的命运呢？短短九个月的生命，没有快乐的童年，也没有机会经历生命里的喜怒哀乐、起承转合。不过，由另外一个角度看，短促的人生画下句点，可能反而是较好的结局。试想，如果急救后，稚女勉强存活。生理上，她还要经历多少次整形移植的手术，还要承受多少的苦楚；心理上，她又要如何面对自己的父亲，把自己丢进滚烫锅中的父亲？还有，又要如何面对自己的母亲呢？

父亲暴戾失控，固然可恶可恨；那么，母亲呢？两个人吵架，稚子何辜，为什么要出言挑衅，让爱女（？）的生命，面对不可知的风险呢？

依情节揣测，两人吵架，这绝不是第一次；吵架的性质，也绝不是单纯的口角拌嘴而已；母亲的性情，更绝对不是温良恭俭让。试想，在激烈冲突时，她大可以说："有种的话，把热水泼到我的脸上身上！"而不是"有种的话，把孩子丢到锅里"。另一方面，当父亲把女儿丢进锅中时，他想伤害的，其实不是女儿，而是妈妈！因为，让他气愤填膺的，不只是两人之间的口舌之争，而是对方竟然以女儿为要挟，借挑衅来伤害自己！——一句话害死一条命，还造成一个家庭破碎，又让好几个人生残破不全。这可是为语言文字和法学的关联，写下了一个难堪的脚注！

无论如何，父亲违法显而易见，母亲同样地犯法，只是比较隐晦而已。她不只违反台湾"儿童福利法"，而且犯了教唆杀人或过失致死的罪行。当然，一般人认为，母亲痛失爱女（？），心理上已经受够了折磨，何须再添增有形的惩罚呢？

其实，不然！对母亲起诉定罪，将发挥两种重要的功能：首先，对社会而言，产生宣示效果，以后天下父母亲吵架打架、斗殴相杀，不得涉及子女的安危！其次，更重要的，对母亲而言，如果能经过起诉审判定罪服刑的过程，在心灵上可以洗涤净化，事实上比较好。否则，自己所犯的罪过没有机会处理，将啮咬自己一辈子，自己永远没有办法重新开始。两相比较，起诉判刑，比不处理好得多。

法学和文学都来自于人生，总有不特别美好的题材。但是，如果处理得宜，或许可以让以后的人生稍微美好一些！

善意的恶果

在那帧黑白照片的旁边，有简单的几个字：罗勃·山德佛，杀（人）而后被杀。

即使在《时代周刊》这个发行全球的新闻周刊里，偶尔出现几张咎由自取罪犯的照片，也算是见怪不怪。只不过，这一张有点特别——罗勃·山德佛是个"十一岁"的小男孩！

绰号"黏糖"（因为喜欢吃黏黏的甜食）的山德佛出生在芝加哥贫民区一个破碎的家庭里。母亲生了八个子女，无业、吸毒、靠领社会救济金度日，已经离婚的父亲正在监狱里服刑。"黏糖"从小就是问题人物：偷、抢、骗、混，无所不来，逃学的时候比上学的日子多，在警局的档案已经是厚厚的一叠。他奉帮派之命开枪教训别人，结果流弹射死了一个路过的小女孩。在警方强力动员扫荡之下，帮派决定要除掉他这个烫手的山芋。于是，两个年龄和他相仿的帮派分子把他诱骗到一个废弃的地下通道里，然后，有人对着他的后脑勺儿开了两枪。

这则社会新闻当然马上掀起一片责难和讨论。到底是环境出了问题，还是小男孩和他的家庭出了问题？从这个事件里，一般社会大众又得到什么体会、学到什么教训？稍微想想，在目前的时空环境里，即使没有天灾人祸，社会上也总是有一小群不幸的人。这些人或者是生理上或心理上和常人不同，或者是遭逢变故，或者是在经济起伏下受难，结果不能自保。这些人的困难无法靠"市场机能"来解决：因为市场机能只提供报酬奖赏给那些"正常人"，因为那些人具有能为市场机能所接受和回报的某些"有价（格）的禀赋"。在市场机能无能为力的情形下，这些少数的弱势者只好向"非市场"的途径求助。在农业时代，"非市场"指的主要是妯娌乡亲、慈善人士的捐输；在现代社会里，"非市场"指的主要就是"政府"所提供的安全网。

由强而有力、资源丰富的"老大哥"向社会上的弱势者伸出援手，当然是再好不过了。然而，善意并不必然等于善果。一方面，这些弱势者每个人的情况际遇不同，需要针对情况个别处理。可是，政府的福利措施只能一视同仁地制定出一些概要的指标，因此，接受扶助的人不一定真正受惠。另一方面，政府的措施目的在救急，让暂时受困的人有重新站稳脚步的机会。可是，这些凭空而降的支持反而诱发了一些"自愿性"弱势者，这些新的弱势者无意自立，因为自立之后就得不到白吃的午餐。结果，救急措施"创造"出一些终生，甚至是世代相传的弱势者——"黏糖"的妈妈十五岁生第一胎，十年级时辍学，从来没有正式地工作过！

这么看来，政府的社会福利措施等于是"创造"和"支持"了一个生生不息的"生态体系"。这个体系里的各个部分环环相依、共存共荣。在这些弱势者手中握有选票，而政客和行政官员都有各自"业绩"的考虑下，很难想象这个生态体系会有什么釜底抽薪、立竿见影的变革。

因此，如果说"黏糖"的死有什么启示的话，应该不是在这个小男孩个人的福祸上斟酌，而应该是由这个事件中联想到，一个社会在解决社会问题时所选择方式的合宜与否。社会大众可以试着通过"政府"这个工具来处理社会问题。但是，所能希冀的成效应该是有限的、局部的。而且，不能忽视的是，政府的措施也可能诱发出新的、更麻烦的问题！

"黏糖"的死很可能会很快地被淡忘掉，直到下一个"黏糖"被杀时……

到罪恶之路

讨论公共政策时，经常有人警示："错误的公共政策，比贪官污吏更可怕。"因为，贪官污吏希望能长保权位，所以不会竭泽而渔，反而会尽量把事情弄得像个模样。相反的，自恃公平正义、身系天下兴亡重任的清官，却可能自以为是、误人误己。

然而，这只是对官员的敦促和提醒，不要把水坝建错地方或让汇率政策失灵，造成人民生命财产的损失。相形之下，如果公共政策诱发出人性的黑暗面，使人铤而走险、以身试法，那可就更令人叹息扼腕矣。

对于保险，台湾的"最高法院"和"大法官会议"曾经作成决定：财产保险，可能会有过度保险，而产生道德危险（moral hazard）——房子值 500 万台币，投保火险 2000 万元，结果果然发生火警。可是，人身保险，不至于如此，因为"生命无价"，所以不会过度投保。

在 2004 年初，有了新的决定，由"大法官会议"所作成，重申过去的立场。这种立场的良莠，可以在法理上论对，也可以在条文上斟酌。不过，比较率直的做法，是"拿证据来"，让证据来说话……

1995 年 11 月，张某宣称：他到越南胡志明市考察商务时，不幸发生意外。他被机车擦撞，又刚好被随之而来的大卡车压过左脚，而后动手术截去五个脚趾。经过调查发现，张某经济情况不佳，但是去越南前，先后向十八家保险公司投保意外险。而且，保险期间集中在两个月，总金额为两亿台币。

1996 年 6 月，王某宣称：在家里切西瓜，不小心切断左手食指第二关节（好大的力道），要求保险公司理赔。保险公司拒绝，王某告上法庭。法院审理时发现：王某左手食指的第一关节，已在三个月前断去，曾向同一保险公司要求理赔，当时保险公司表示：根据保险契约理赔范围，必须是在手指第一关节之后的部位截断。此外，王某工作不稳定，所得有限，但先后向多家保险公司投保意外险。

1999 年，在大陆杭州西湖地区旅游的台商林某，左手自手肘部分被切断，林某以自己的皮带绑住伤口止血，然后就医报警。据林某表示，傍晚时他一个人在僻静处碰上匪徒劫财，他奋勇抵抗，但是势单力薄，被匪徒以刀刃砍去左臂，丢进湖里。然而，警方发现，林某神色自如，不像是经过意外变故。而且，绑住伤口的皮带上，竟然有明显的刀痕！皮带上的刀痕，显然是先把皮带绑在手肘上，再挥刀往下砍，否则，先被砍去手臂，再绑上皮带止血，皮带上不会有刀痕才是。经过侦讯，水落石出：去大陆之前，林某已先在台湾买了好几份保险，总计 7000 万台币，而且保险的有效日期只有短短的十天。显然，他希望自导自演，制造"金手臂"，诈领保险金。

类似的例子，所在多有，几乎是不可胜数。那么，问题的关键，到底在哪里呢？无疑的，"大法官会议"认为"生命无价"的立场，大有问题。

对于财产保险，容易评估财产价值，决定投保金额是否超过财产（房舍）的价值。

在生命肉体的情形下，却不容易衡量出适当的价值。可是，重要的是，无论客观上容易衡量与否，三个事例都活生生、血淋淋地说明了：社会上，就是有某些人，希望用自己的肢体，去换得相当数额的钱财。大部分人，可能不愿意（也没有想过）用自己一条手臂、几根手指脚趾，去换取几千万台币。但是，负债累累、吸毒嗑药或基于其他原因的人，却可能会铤而走险。

还有，对于绝大部分人来说，"生命无价"有点像"海枯石烂的爱情"，是形容词，是一种未经深思、未经检验，也无需真正面对的概念。性质上，"生命无价"是一种"信念"（belief），而不是一种"事实"（fact）。可是，因为无需检验、无从面对，所以可以放在脑海里，以一种崇高神圣的情怀，自以为是。然而，就公共政策而言，"生命无价"

233

却是一个无从操作、没有实质内涵的概念。

如果认为生命无价、珍贵得不得了，那么就不应该有汽车、火车、地铁、飞机等交通工具，因为，这些交通工具都可能造成意外，伤及生命。相反的，如果采取的不是"生命无价"，而是"生命很珍贵"，就可以平实明确地思索公共政策所涉及的许多面向。事实上，人身保险所涉及的金手指、金脚趾、金眼睛等，都和"生命无价"无关，更精确一点，这些案件都和"生命"无关，因为生命本身并没有受到危害。如果一根指头、一截脚趾、一颗眼睛，可以换得千万台币，就会有某些人愿意自残以图利。因此，在人身保险部分，如果不是以"生命无价"，而是以"重复投保、投保金额高昂"，反而可以正面务实地处理人身保险所引发的流弊。

这件事情的曲折，至少还有一点深刻的启示："台湾大法官会议"的解释，不但没有务实地处理公共政策，反而诱发出人性的黑暗面。对于社会上的某些人而言，因为有利可图，所以借着残害自己的身体，希望能侥幸图谋钱财。而且，保险公司面对这些赔偿，只好提高保费，或者吸收损失，利润减少。提高保费，表示其他多数的善良投保人受害；利润减少，表示无辜的投资大众承担损失。无论是投保人还是投资大众，都是善意的第三者。然而，因为公共政策失灵，这些善良的人反而会受到伤害——典型的"恶人得逞，好人倒霉"。

弗里德里希·哈耶克（Friedrich Hayek）的名言之一，是："到地狱之路，往往是由善意所铺成。"生命无价的故事，也许隐含着："到罪恶之路，可能是由正义女神所指引！"——这是嘲讽，而且是令人感叹的嘲讽！

隐私权的价值

　　人非圣贤，每个人都会犯错，因此也都应该有重新来过的机会。而且，浪子回头金不换，所以，愿意洗心革面的人，永远应该有放下屠刀的机会。然而，对于那些屠刀没有完全放下，也还不一定完全回头的浪子，环境应该给予他们多少的宽容和谅解呢？当一个人犯了错、被判罪、服刑完毕出狱之后，如果搬进一个安静祥和的小区，他（她）是否有重新开始的权利？当地的治安单位是不是该被知会？小区的居民是不是有"知的权利"？

　　对于犯错的人而言，往者已矣，过去的事最好成为尘封的历史，由一张白纸再出发对自己、对别人都好。对社会而言，芸芸众生里本来就会有少数的特殊分子会违法乱纪，这些人越轨受罚是自作自受。但是，一旦他们受完惩戒，社会当然应该让他们有重新开始的机会。让周遭的人知道这些人的过去，等于是在他们的脸上烙下红字，也就等于是要逼这些人自暴自弃、重操旧业。所以，翻旧账的做法并不可取。

不过，在当事人和社会这两个极端之间，还有很大的空间。对于处在当事人身边的那些人而言，他们是不是会有同样不咎既往、与人为善的态度呢？

如果小区里搬来一位有"娈童症"前科的人，其他的居民难道不应该被提醒要多注意自己子女的安全？如果小区里搬进了一位"暴力型犯罪"的累犯，难道其他的人不该提高警觉，免得平白无故地成为下一个受害人？将心比心，如果自己处在那种环境下，谁不会担心自己、自己的子女、亲人以及朋友的安危？

因此，相形之下，一个人掩藏过去、重新开始的权利，显然并不是"绝对的"。个人的"隐私权"必须和其他人所可能受到的影响相互对照之后，才有意义。对于犯错程度轻微（像顺手牵羊、逃漏税）的人，或许可以享有完全重新开始的机会。对于那些可能伤害其他人（像纵火、酗酒驾车）的前科犯，也许小区的治安单位应该接到通报。对于那些可能会造成周遭的人明显而严重伤害（像娈童、暴力伤害）的犯人，所有小区居民似乎都该了解状况、有所警惕。

"出狱犯人"的故事当然还有更深一层的意义：在思索现代社会里一个人所可以、所应该享有的自由和权利时，不能只针对"这个人"来考虑，而必须以这个人的自由和权利对其他人的影响为衬托，才能得出轮廓。"天赋人权"

并不存在，人权的实质内涵是由人和其他人在交往互动过程里所慢慢琢磨出的"结果"，而不是天生的、给定的。所以，同样是人，在太平盛世、物资丰裕的环境里"可以"享有工作、财产、免于恐惧、免于匮乏的权利；但是，在兵荒马乱、连年战祸的时代，连人命都很可能渺小如纤苇草芥，更遑论人的尊严和权利。

事实上，不只一个人的价值是由其他人的价值所衬托，任何一件事物的意义也都是在其他事物的烘托对比之下，才有具体的内涵。扶老太太过街的可贵，在于大部分的人不一定会伸出援手；父慈子孝值得珍惜，是因为大部分的时候父子之间不一定是这么融洽。所以，在"人"的世界里，只有相对的价值，而没有绝对的价值！

如果犯人的权利是和其他人的权利对照之后才有意义，那么当时空条件改变之后，是不是有些原来"犯罪"的行为现在已经不算是过错，而有些原来不算"犯罪"的行为现在变成触法犯纪？

为什么不可以用分身？

据说武打巨星成龙拍电影时，从来不用替身，即使是最惊险的动作，也都是亲自披挂上阵。可是，在影片之外的真实世界里，如果有开幕剪彩等场合，是不是也一定要成龙的本尊出面，如果成龙有一个孪生兄弟，举止动作无不惟妙惟肖，可不可以请他越俎代庖、混人耳目呢？

我联想到这个问题，是因为生活里的一个小曲折……

曾经，我的牵手微恙，进医院动了一个不大不小的手术。她顺利出院之后，我检具单据，向保险公司申请医疗给付。为了存底，我留下收据正本，寄出由医院盖章证明的影印本。没想到，几天之后接到保险公司的电话，说一定要单据的正本。如果没有正本，用影印本申请，只能得到另一种较低的给付，大概是原来的一半左右。我请教原因，对方也说不出个道理，只说当初契约条款是如此。我找出契约一看，果然是列明要用正本，可当初在买保险时，一般人大概只会想到多了一层保障，有谁会注意到用正本

239

与否的问题？我觉得，要求用正本的规定没有道理。

中午吃完饭，又想起这件事。我查到台湾"财政部"的电话，决定直接向主管保险业务的官员反映消费者的心声。虽然是午休时间，不过总机还是接到"保险司"的某一分机，接电话的人声音也很和悦。我把情况描述一次，质疑要用正本的用意。电话那一头的人婉转解释：医疗保险的给付，主要是填补实际的支出。所以，既然只有一个实际支出，刚好就用原始的正本。

我当然站在自己的立场考虑，我说：用正本，给付较高；用副本，给付只有一半。可是，当初我们缴的都是"全额"的保费，有什么理由事后要接受差别待遇。如果当初注明——用正本，给付较多，所以保费较高；用副本，给付较低，所以保费也较低——当然没有问题。可是，实际情形并非如此。我忍不住加了一句：如果是你，你会觉得如何？她大概觉得我也言之成理，就建议我提出书面资料，他们会在工作会议里，作进一步的考虑。挂上电话，想到为了伸展自己小小的正义感，还要动一番手脚，真是自找麻烦。不过，又想到三个和尚没水喝，大家都袖手旁观，都希望坐享其成的启示，决定还是要稍稍坚持一下。

那位官员所提出的考虑，也有她的道理：如果副本也可以得到同样的给付，那么可能会有人同时向好几家保险公司投保，然后，一份支出，好几份理赔。这有点投保人不当得利的味道，好像不合于保险的原始精神。不过，由另外一个角度来看，可能更有道理：在现代工商业社会里，一个人同时有两三张保单，是很正常的事。因为医疗保险往往是"部分给付"，住院一天只给付新台币 1000 元，而实际花费可能是一天两三千元，还有许多大大小小的额外支出。因此，同时有几张保单，同时得到给付，可能才真正足以填补实际的支出。而且，当初保险公司在计算理赔率和设定保费时，已经考虑过保费和理赔之间的关系。如果收的保费是全额，而事后因为投保人拿不出正本，因此可以降低给付，那么这等于是"一流收费，二流服务"，不当得利的，反而是保险公司！

当然，如果进一步追究，保险公司主张用正本的理由，是担心有人"诈领"，那么，必须拿证据来，让证据来说话。因为，如果投保人正正当当地缴了全额的保费，确确实实地符合了给付的条件，有什么理由不该得到给付。还有，更抽象的问题，是医疗费的交费证明，有必要分出正本和副本吗？由医院盖章证明的影印本，为什么不是"正本"呢？房地产只有本尊，所以一定要用正本来过户、抵押、贷款，可是交费是一桩"事实"，难道也有本尊和分身的差别吗？

想清楚了这些环节，我决定把烫手山芋丢给"财政部保险司"。我不知道，他们会不会处理抽象的问题，还是只处理"一流收费，二流服务"的问题。不过，我倒想起了多年前看的一篇小说：先生受不了唠叨不休的太太，决定到科技公司定制一个和自己一模一样的分身。他想，事成之后，自己就可以远走高飞。没想到，科技公司的人要他先付钱，因为她太太几年前已经定做一个和她一模一样的分身……

如果男主角没有他念，会和太太的分身厮守终身，因为分身和本尊一样好。对大多数的超级巨星而言，都用过替身，而用替身也无损于他们的票房。显然，在某些情况下，正本和副本、本尊和分身，两者的差异并不重要。当然，这似乎把问题扯得远了一点。不过，以小见大，也许我可以由此发展出一套经济学里"关于本尊和分身的一般理论"（A general theory of the original and the "look-alikes"）……

假米酒的故事

在每一个社会里，都有烧杀掳掠、鸡鸣狗盗的事件，也有欺蒙诈骗、作奸犯科的问题。不过，从事件的结构和问题的性质上，往往可以看出这个社会法治的程度。

台湾曾出现一连串"假米酒"的事件。米酒，原来是由烟酒公卖局生产专卖，台湾加入世界贸易组织（WTO）之后，必须开放烟酒的市场。因此，一些民营业者取得执照，开始生产和销售米酒。米酒，在华人社会里，有很特殊的地位。对于有些人来说，米酒是酒，也可以和其他饮料混合成为调酒。可是，在一般家庭里，米酒是烹饪用的作料。两种用途的用量，都非常可观。民营业者纷纷投入量产，有以致之。然而，有利可图之下，坊间开始出现假米酒。假米酒，是以工业用的酒精（甲醇）为底，鱼目混珠。短短几个星期之内，就有二三十人因为喝了假米酒而死，酒精中毒住院的，人数更多。

刚开始看到这个消息，我觉得很讶异。米酒不过是小事一桩，怎么会造成这么严重的死伤呢？在产销的过程里，到底是哪里出了问题？我觉得很困惑，在课堂上也有同学提出这个问题。我坦白表示，不清楚问题的关键是什么。

由小贩牌照引起联想

不过，我也反问在座的同学，米酒应不应该由政府来生产销售呢？我很惊讶，在两百位同学里，竟然有一百二三十位举手，认为米酒应该由政府来生产和销售。可是，在任何一个稍具规模的超级市场里，都有酒品的专卖区，架子上，有不下百余种进口的各式红白酒和烈酒。在这么多进口的酒品里，我还没有发现，有哪一种酒是由哪一个政府生产的！虽然这一点非常明确——酒，不一定要由公部门来介入——可是，米酒伤人的事，我还是觉得一头雾水。

然后，我有事和家人到香港一趟。晚上在九龙闹市区逛街，走着走着，在巷子口遇上一个小贩。他推着小小的推车，卖糖炒栗子和煮玉米。我帮小孩买了一包栗子，等着找钱时，看到架子上挂了一张小小的证件。那一瞬间，我觉得大概找到了假米酒问题的关键！

一个在巷子口卖糖炒栗子和玉米的小贩，都要在推车上挂出许可证。这表示，即使是这么渺小、微不足道的经济活动，都要先取得许可，都是在法律的网络里进行。相形之下，至少在 21 世纪初的台湾，我知道的情形并不是如此。不但夜市里的流动摊贩没有证件，连固定的商家店铺，都多得是没有执照、没有许可的黑户。

小贩的许可证是件小事，但是却透露出很多重要的讯息……

登记在案有脉络可循

最明显的，当然是反映了在香港的社会里，法治的网络已经无远弗届。虽然是小小的经济活动，但是因为涉及其他人的健康，涉及市容、交通，因此必须要先取得许可，才可以进行。而且，以小见大，连芝麻大的小贩，都需要许可证，其他各种商业活动，当然更不在话下。

当然，在司法的网络里活动，并不表示天下太平。观光客在香港受骗的事，时有所闻，当地报纸上，也多得是各种纠纷冲突的新闻。不过，重点不在于每个社会都有的缺失，而是这个网络存在的意义。有许可证，表示至少有登记、有档案、有地址电话，因此，小贩不是来去无踪的影子，而是看得见摸得着也找得到的一个点。无论是警察或卫生或商业的主管单位，如果需要，就可以循线找到这个小贩。更重要的，是小贩自己知道，自己是在法律的网络里活动，自己的活动，都有某种记录和脉络可循。

两相对照，台湾的情形就不是如此。用工业酒精制造米酒的，是无照违法的地下工厂。工厂把假酒批发给某些杂货店或餐饮店，而这些店铺或食堂本身也没有执照。买假酒的人，不觉得要向合法的来源买；卖假酒的人，无需提供相关的证件。既然无需证明自己是合法的，那么自然有意愿以假乱真。没有环环相扣的锁链，出了问题都不知道从哪里查起！因此，问题的关键，就在于司法网络伸展的范围有多大。在网络所不及的空间里，就容易出现枉法违纪的事情。假米酒的事件，就是典型的例子。

法网与运作成本的关系

在另外一层意义上，司法网络的大小，直接间接影响到运作司法体系的成本。如果一个卖糖炒栗子的小贩，都需要依法行事，依此类推，其他大小事项，都有章法可循。在衣食住行的各个领域里，民众可以体会到法律的存在，在举止上也就知道进退的空间。

相反的，如果在夜市里可以无照营业，在其他的活动领域里，不也可以"类推适用"吗？最明显的例子，是游行示威。在一个法治程度较高的社会里，游行就是游行，事先经过申请，游行时照申请路线行进。无需太多警力维持秩序，防范意外。万一真有逾矩的行为，警察马上挥舞警棍强制驱离。在一个法治程度比较低的社会里，聚众游行示威，可以是即兴式的举动。即使事前申请，到时候变更路线，警察也无可奈何。即使举牌警告，示威的人也通常视若无睹。每次游行，必需动用可观的警力，而且只能消极地围堵，凭白耗去无数的人力物力。

因此，假米酒的事件所透露出的，不只是司法网络的宽窄大小，而且是司法网络的性质。当网络大时，可能反而容易操作；当网络小时，可能就要动用更高的成本，去处理网络内和网络外的问题。

至于为什么在台湾卖米酒不用执照，而在香港卖糖炒栗子也要许可证，那就是另一个故事了！

易子而教的意外

　　对于经济学，一般人不是敬而远之，就是闻之色变。可是，在经济学者的眼中，经济学其实非常平实简单。

　　诺贝尔奖得主科斯就曾经表示："如果别人听得进去，我们所能提供的有益的建议，其实只是几个简单的道理而已。"还有，亚历山大·凯恩克罗斯（Alexander Cairncross）爵士，曾经担任英国政府首席经济顾问，他也认为："在了解现实社会和规划公共政策上，经济理论所能提供的，就是最简单、基本和明确的几个概念。"可惜，经济学者们浸淫在知识和智能的结晶里，自得其乐；一般人还是望之俨然，保持距离、以策安全。不过，由另外一位经济学者的奇谈怪论里，也许反而能盲人摸象式地一窥经济学的堂奥。布坎南也是诺贝尔奖得主，他常常在课堂上提到："世界上没有所谓的意外（There are no accidents）！"我没有上过布氏的课，也不知道他怎么阐释这句话，可是，以我对经济学的体会，我揣测这句话至少有几层意义。

在最粗浅的层次上，如果事先准备周到，就不会有"意外"发生。譬如，事先检查过刹车，就不会有刹车失灵而撞车的意外；意外，不至于出现。当然，在比较抽象的意义上，如果能做好相关的防范措施，即使是突发情况，都不会是意料之外，而会是意料之内。因此，对一个家庭而言，厨房着火可能是"意外"。但是，对消防队而言，他们预期有火警，也准备好随时因应。对他们来说，火灾不是意外，而是他们的任务所在。

抱错婴儿招诉讼

在最深层的思维上，布坎南显然表达了他的自我期许：对社会科学研究者而言，必须能试着分析"所有的"社会现象，因为社会现象不会凭空出现。以"意外"来解释某种现象，既轻视了人的自主性和智慧，也放弃了社会科学研究者神圣庄严的责任！不过，布坎南"天下没有意外"的立论，毕竟是象牙塔里的益智游戏。在真实的世界里，"天下没有意外"的慧见（insight），似乎无济于事。在台湾发生过一件极其罕见的"意外"，立刻考验了大家的 IQ（智力商数）和 EQ（情绪商数）……

台北市的某个妇产科，在接生婴儿时摆了个大乌龙。两个妈妈错抱自己的新生婴儿，而且一错就是十多年。最近，他们才发现这个"意外"，而且因为他们认定医院有疏失，所以要求新台币千万以上的赔偿。医院虽然有意和解了事，但是因为求偿的金额过高，所以一直无法达成协议。和解不成，当然只好循法律途径解决纠纷。

在某种意义上，布坎南完全正确。如果妇产科人手充足、程序完善，就不会出现抱错婴儿的"意外"。或者，即使发生这种事件，因为事先预为之计——妇产科先买了过失保险，而且抱错婴儿也在理赔的范围之内——那么，虽然善后问题很棘手，但是至少有保险这个安全网来缓冲。

然而，在理论和实际之间，毕竟有一段不算小的距离。并不是所有的医疗院所，都有充足的人力和缜密的程序。至少到目前为止，保险公司很难算出"抱错婴儿，多年后发现"的概率。因此，眼前所需要的，不是布坎南充满智慧的"先见之明"，而是所罗门王调和鼎鼐、排难解纷的"后见之明"。

对于这个"易子而教"的事件，很多人会联想到两个家庭，特别是双方父母和两个小孩所经历的情绪起伏。这种极其特殊的际遇，和一般人多少都经历过的悲欢离合大不相同。这是小说戏剧里才会出现的情节，在真实世界里很难想象。不过，对法官来说，却无从逃避。如果明确认定医院有疏失，那么赔偿的金额和方式，显然将是重点。

在传统法学见解里，对于契约不履行而造成伤害，主要有两种赔偿方式。一种，是以"恢复原状"为准。请人修家具，结果造成毁损，那么恢复原状是基本要求。赔偿的金额，就是能让家具回到没有修缮时的状态。另外一种，是以"契约履行"为准。请人修营业车，修好之后一天营业收入是两千元。如果没有依约修好，迟几天就赔几天的营业收入。这时候，赔偿的金额，是视同契约已经完成，履约的那一方，可以享受当初签约时所预期的好处。

可惜，这两种参考坐标，都帮不上忙。回到没有接生前的状态，不仅在实务上不可能，在观念上也不容易揣测。而且，要为回到原始状态定出一个价格，更是困难无比。同样的，假设接生顺利，没有抱错婴儿，两个孩子顺利成长，两个家庭也经历正常的喜怒哀乐。那么，和现在"易子而教"的情况相比，有谁能估量出这两种历程在价值上的差距，并且赋予一个金钱上的数字？

施惩罚杀鸡儆猴

当这两种传统的法学思维都无济于事时，也许经济学者的思维稍有一得之愚。与其费尽心思，为这种绝无仅有的案例伤脑筋，希望能实现正义，不如采取往者已矣的态度，以往前看的角度，思索如何避免未来再发生类似的憾事。这时候，思考的焦点，不再是两个受考验的家庭，而是那个医疗院所。法官所定出的赔偿金额，将是以惩罚"重大医疗过失"为着眼点。借着惩罚过失，产生杀鸡儆猴的效果。该汲取教训的，不只是这家妇产科，而是所有其他类似的医疗院所。一旦发生同样或类似的疏失，它们将承担同样的代价！

在这层意义上，这种思维其实正呼应了布坎南"天下没有意外"的见解：如果游戏规则明确，就不至于有"意外"出现。即使偶尔有特殊事件，这些特殊事件也是在预料之内，而不再是"意外"了。不过，经济学者的这种思维方式，会不会令人意外呢?

萨孟武抢救瑞恩大兵

"现代社会里，很多人都开车代步，如果自己的车被偷了，当然希望能找回来。那么，汽车失窃的破案率，该是多少？"在法律经济学的课堂上，我经常会问研究生们这个问题。

可是，说来非常奇怪，对于这个简单明确、具体生动的问题，法律研究生院的学生们——已经读了四五年法律的人——却几乎都搔头弄发，不知如何是好。也许，说来并不奇怪！在传统法学训练里，特别是德日等大陆法系国家，是以法律条文为中心，主要的训练，是如何解释和运用法律条文。对于涉及整个司法运作的问题，这种训练立刻捉襟见肘。这是标准的只见舆薪、见树不见林！

迟疑一阵，一个学生鼓起勇气："由追求正义的角度看，当然是希望破案率为百分之百。即使每个人都知道，这是很难达到的目标！"

我打断他的话："可是，如果汽车失窃的破案率，定在百分之百。那么，一般扒手、入室偷窃的破案率，也该是百分之百啰！伤害杀人的破案率，更要是百分之百。不用说，掳人勒赎、银行抢劫等重大刑案，也非达百分之百不可。无论大小案件，破案率都是百分之百，有哪一个司法体系，能负荷这种重担呢？"

学生似乎灵机一动，毫不犹豫："记得上法律系大一时，法学绪论这门课由宿耆萨孟武老师担任。在第一堂课里，他就强调：'如果有人偷了一块钱，那么即使要花费十块钱，也要把小偷抓住！'"萨孟武是第二次世界大战后法学界的大佬，曾经当过台湾大学法学院院长，论著不辍，桃李满天下。可惜，至少在这个论点上，他的说服力不高。因为："为了正义，花十块钱处理一块钱，听起来正气凛然、虎虎生风，其实不堪一击。试问：为了一块钱，花十块，那么如果花的不是十块，而是一百块、一千块、一万块呢？"

旁边的同学，似乎受到感染，出手相助："在《拯救大兵瑞恩》这部电影里，为了能从战场上找回瑞恩，美国军方派了一队人，最后牺牲了八位弟兄，才勉强完成任务。这不是同样的道理吗？为了既定的目标，值得以多换少！"

萨孟武在地下有知，大概捻须而笑。对我来说，这个意外的联想，却刚好是殊途同归："好例子！瑞恩的几位手足，都已经为国捐躯。美国国防部参谋长，接到瑞恩母亲的信，决定派人把她仅有的儿子找回来。故事的情节感人，带队负责的汤姆·汉克斯（Tom Hanks）演得好。可是，如果因此而阵亡的不是八个人，而是八十个、八百个、八千个弟兄，参谋长还能坚持以往吗？"

"事实上，电影的编剧聪明得很。为了拯救瑞恩大兵，只牺牲了八位官兵。这种牺牲，是在可堪忍受的范围之内。如果为了一个小兵，牺牲了上百位的弟兄，恐怕只会激起观众的反感，变成票房毒药！原因很简单，对观众而言，如果牺牲的人少，会把焦点放在瑞恩大兵身上。可是，如果牺牲的人多，观众会自问：自己比较可能是瑞恩大兵，还是比较可能是为他而牺牲的数百人、数千人之一？这么一联想，观众能不能认同、愿不愿意掏腰包买票进场，就很清楚了。"

"可见得，道不远人。正义的概念，是由人来操作。对于公平正义的追求，必须是在人们所愿意承担和负荷的范围之内。花十块钱找一块钱，牺牲八个人救一个人，都没有超越人们的经验，因此不违反常情常理。一旦实现正义的成本太高，人们自然会缩手驻足！"研究生们噤声不语，不再有异议——可能是避免引来更多的说教。一番由窃车破案率引发的论对，就此打住。当然，我知道，如果要继续申论，还有一长串话可以援引……

破案率定在百分之百，当然不切实际。那么，该怎么想这个问题呢？由经济学的角度看，其实脉络很清楚——

就看社会的中坚分子，也就是纳税义务人，愿意负荷多少的税赋，以支持司法体系。纳税义务人愿意缴的税愈多，司法体系的资源就愈多，也就能追求更高的破案率！

窃车、强盗、杀人越货、诈欺抢劫等罪行，个别来看，破案率都有其极限。放在一起看，彼此之间，也有排挤效果。多花警力和司法资源在诈欺犯罪上，处理其他犯罪的人力物力自然受到排挤。因此，在公平正义的大纛之下，还有许多小天平，而在诸多小天平之间，也还有取舍比较的问题。

抽象来看，传统法学思维和经济分析之间，有一个明确具体的差别。传统法学思维，以公平正义为标杆。可是，对于如何追求公平正义，如何操作这个标杆，却几乎是一片空白。相形之下，经济分析的特色，是吾道一以贯之——追根究底，只有"成本"两字而已！追求公平正义（或其他任何价值），必须坦然面对所涉及的成本。要得到鲜美的果实，必须先有辛勤的浇水灌溉。同样的道理，要提升公平正义的刻度，必须以充分的资源为后盾，而一旦涉及资源的运用，当然就是成本的问题。

萨孟武的花十块追一块、《拯救大兵瑞恩》的牺牲八人救一人，看起来是不计成本，其实不然。两者的共同点，是表面上理直气壮，实质上只呈现了问题的局部，真正的考验，是把镜头拉远、把画面放大，然后再考虑真正涉及的成本！也就是，正本溯源，问题非常简单明确，请问萨孟武教授：为了一块钱的损失，值不值得耗用十万元的司法资源？请问电影编剧和导演：为了一个大兵，牺牲五百个官兵。这种电影，敢不敢拍？

"窃车的破案率，该定在多少"显然是一个有意义、可以发挥的问题！

此图非彼图

一群人餐后到 KTV 唱歌，一个年轻人稍后加入。年轻人经营一家小餐饮店，生活单纯。可是，长相俊秀的年轻人，吸引了宾客里的一位"双性恋者"。他在酒酣耳热之际，对年轻人再三示好，他炫耀自己"管全台湾的医生和医院"，并且在亲脸颊之外，还用舌头去舔年轻人的耳朵。

年轻人觉得受到屈辱，几天之后和民意代表李庆安取得联系。经过分析，李庆安认定，那晚言行无礼的，是代理"卫生署长"的涂醒哲。她决定出面，帮年轻人讨回公道。

新闻曝光后，被点名的涂醒哲坚决否认。除了和年轻人当面对质、连续召开记者招待会之外，还按铃控告李庆安和年轻人诽谤，求偿台币 5000 万元。然后，在媒体一片喧闹之际，事情有了戏剧性的转折：原来，当晚失态的，不是"卫生署"的"代理署长"涂醒哲，而是"卫生署"的人事主任屠豪麟——是此屠也，非彼涂也！

真相大白后，李庆安和年轻人立刻认错，但是涂醒哲不接受道歉，还表示不会撤销起诉。这桩社会事件，除了成为茶余饭后、街谈巷议的焦点外，也是课堂上论对辩难的现成教材……

是非曲直清楚分明

在观念上，可以诉讼的官司（actionable torts, actionable wrongs）有两个。第一个，当然是和屠主任有关。他的行为，可能涉及"刑法"的公然猥亵，也很可能在"民法"上构成对年轻人身体和精神的伤害。第二个官司，是以涂醒哲为主。李庆安和年轻人的不实指控，可能涉及"刑法"的公然诽谤，在"民法"上也可能形成对涂醒哲精神名誉的伤害。

由经济分析的角度来看，两件官司的曲直都很清楚。在一桩意外或纠纷里，愈能防范意外或纠纷的人，就应该承担愈多的责任。换一种说法，就是"谁防范纠纷的成本最低（least cost avoider），谁就该负起这个责任"。

就第一个官司而言，年轻人可以防止被骚扰舔耳朵。但是，在喧闹欢唱、饮酒作乐的场合里，并不一定容易明快地拒绝。而且，始作俑者是屠主任，由他来避免纠纷，成本最低。一切波折，由他而起，只要他稍稍自制，就不会有后来的滔天巨浪。因此，在这件官司里，他要负最大的责任。当然，在观念上认定他有错和在法庭里证明他有错，是两回事。在昏暗灯光下，在烟雾酒气里，要举证亲颊舔耳，不一定容易。

政务官论断拿捏失分寸

就第二个官司而言，是非也很清楚。对涂醒哲而言，这次事件纯粹是天外飞来的横祸，无论事前如何防范，他都无从避免。因此，他要承担的责任最小。要承担最大责任的，是立法委员李庆安。她担任民意代表多年，对于社会上的诡谲狡诈、政治上的权谋倾轧，历练多矣。而且，在臧否政策、论断是非上，也早有拿捏的分寸。所以，虽然有涂屠之差的曲折，可是对于涉及政务官的名节，她可以，而且应该再三查证。只要付出有限的成本，她就可以避免这次纠纷。可是，该付出的成本，她没有付出。

相形之下，年轻人涉世不深，并没有其他企图，他的责任较小，但是也有过失。在事后和涂"署长"碰面时，他没有仔细端详，错失了大好时机。虽然他也是受害人，但是只要他付出不大的成本，可以避免事态扩大。涂"署长"名誉受损，年轻人也有责任。不过，和李庆安比较起来，他的社会经验有限，而且没有涉及个人的利益，所以责任要小得多。

因此，由成本的角度来看，两件官司的是非和责任轻重，都很明朗。当然，在成本之外，也可以由效益的角度，作进一步的检视。在第二件官司里，涂醒哲是明显的受害者。不过，公众人物容易接触媒体，为自己辩白。而且，一旦澄清之后，可能因祸而得福，声名更大。因此，他所受到的损害，也值得有额外一层的考虑。

因为是非很明确，所以最值得斟酌的，其实是第二个官司的赔偿金额。涂醒哲要求赔偿5000万新台币，可是到底哪个数额才适当呢？

最直截了当的答案，当然是以涂醒哲受的委屈为准。他受了多少委曲，就该得到多少赔偿。可是，由此涂到彼屠，只有两三天的时间，公众人物三两天的委曲，值多少钱？其次，是以李庆安和年轻人犯的错为标杆，犯了多大的错，就赔多少钱。李庆安的过错，要远大于年轻人的过错。而且，年轻人没有扬名立万的企图，李庆安主持正义的背后，当然有累积政治资本的实利。不过，他们所犯的错，是无心之过，是不用心之过，而不是有心之过。犯了诚实的错误（honest error），该赔多少钱？

实现正义，成本不能太高

除了以两造当事人为基准之外，比较有意义的参考坐标，其实是"往前看"的思维。在设定赔偿金额时，法官要考虑的，是长远来看，哪一种赔偿金额产生的效果较好？

这个金额，必须高到能发挥警示作用，提醒任何想摘奸发伏的人，必须再三小心求证。无论是基于主持正义，还是攫取政治利益，还是其他任何考虑，向别人丢石块的人，必须先仔细看清楚目标。

另一方面，这个金额又不能太高。如果太高，会使得正义不容易伸张。换句话说，让实现正义的成本过高，等于是扩大了恶人恶行的保护伞。因此，决定赔偿金额的关键所在，并不是这次的当事人，而是对未来所具有的宣示效果。

当然，上面的分析，是由经济分析所描绘的图像。由法学的角度，也许会描绘出一幅不太一样的图像吧！

假设性思维

电视里，常常播放这种场景：政治人物或影剧明星，面对记者咄咄逼人的问题，轻松地回了一句：恕不回答假设性问题！假设性问题，似乎吃力不讨好，问了等于没问，而且自讨没趣。然而，真是如此吗？

几年前，为了推展"法律经济学"，加强经济学者和法律学者的对话，我写了篇文章，名为"十问——向法律学者请教"。借着十个问题和自问自答，希望阐释经济分析的思维，以及经济学和法学的关联。我问的第一个问题就是：如果人只活一天，还需要刑罚吗？

这是不折不扣的假设性问题，因为人通常活相当长的一段时间。如果人只活一天，只需要作一天的安排，无需懊恼惩罚等机制。因此，司法刑罚等，看起来是处理过去已经发生的事，其实是着眼于未来，因为人和社会都会延续下去。

《庄子》里有一句"夏虫不可以语冰"，值得琢磨。一般来说，这句话有调侃轻蔑的含义。和识见褊狭的人，多言无益。比较中性的解释，是每人的经验（数据库）不同，没有打过电动游戏的人，很难体会其中的奥妙和情趣。第三种解释，比较积极，也合于我所提的问题：因为夏虫生命有限，生理和心智的结构，只要能应付短短的夏天就够了。"冰"的概念，对它不重要、不相关，也没有必要。出门露营，无需带电视冰箱，是同样的道理。

一篇文章评价两极

因此，"如果人只活一天"虽是假设性思维，但是有助于厘清司法制度的深层意义。这篇文章投稿时，一份期刊的评审表示："建议退稿……这篇文章几乎无药可救。"后来，另一份期刊的评审表示："建议接受发表……这篇文章可读性极高，简直就是尽阅读之乐（practically pleasure reading）。"同一篇文章，评价两极，约略反映学术尺度的性质。当然，对我而言，"假设"投稿的次序颠倒，心情起伏想必不同。

"如果人只活一天"这种假设，只是便于思维逻辑，在真实世界里不会出现。不过，其他的假设思维，却有更明确的现实性。美国著名学者波斯纳法官，在论著中就多次倡议：处理案件时，可以利用假设性思维（hypothetical thinking）。譬如，美国某一美术馆，收藏诸多世界名画，主要画作是由一位富豪生前所捐赠，而美术馆就是富豪故居。捐赠条件之一，是这些画作将永远保留在这幢建筑里。然而，物换星移，美术馆附近，不再是市郊要地，访客日渐稀少，入不敷出。而且，房舍老旧，对画作更不容易作贴切的维护。因此，几经思索，美术馆决定迁往市区，另起炉灶。

可是，一小群怀古念旧的艺术爱好者，却提起诉讼：根据当时契约，白纸黑字，画作只能留在现址！争讼双方，似乎都有道理。那么，法院该如何取舍呢？这时候，假设性思维正好派上用场。沧海桑田、人事全非，本来就难逆料，因此，"假设"当年订约时，直问富豪：一旦景物全非，是否还坚持留在当地，还是顺势而为，换个地方，反而更能让美术作品代代相传？面对这个问题，将心比心，可能大多数人会同意：与其抱残守缺，故居和画作都凋谢为尘土，不如与时俱进，有所变通。

由此可见，利用假设性思维，可以烘托出案件较完整的面貌，而不是只斤斤于文字枝节而已。当然，利用假设性思维，不见得能有效处理各式争议，不过，这确实是一种思维的技巧，而且有相当的说服力，有助于化解争讼，息事宁人。

假设性思维的趣味，还不止于此。我曾出版了一本书，名为《效益的源泉》。一位学生/朋友告诉我，他看了之后，在扉页作了总评：如果人生只剩两天，这本书也值得再看一次！我想他是鼓励我，而且用很华丽的形容词，就像"此情不渝，海枯石烂"一样。不过，事后想想，我觉得他触发了一种想象："如果"我剩下两天可活，我会做什么？还有，这个假设性思维，有什么启示？

假设情景呼应真实

如果生命只剩下两天，我想有很多可能：珍惜一分一秒，保持清醒，让时间从指缝中慢慢流逝，或者掌握最后机会，去做过去没机会但一直想吃想玩想看想说想吵的事，或者放下一切，静静翻阅记忆，回顾这一生经历的种种。无论选择如何，只剩下两天，弥足珍贵；相形之下，现在时间充裕，反而容易轻慢。因此，假设只剩两天，可以提醒自己生命很可贵，不要浑浑噩噩、虚度时日。

三种假设性思维，性质不同。"如果只活一天"，纯粹是假设，在真实世界不会出现。"如果签约时，考虑到这个问题"，是后见之明，因为契约已经签订。然而，这一次的后见之明，可能成为下一次的先见之明。"如果生命只剩两天"，虽然现在是假设，但是未来会出现。

在比较抽象的层次上，三种假设性思维，其实本质是一样的：假设的情境，都不是真实的，而是虚拟的、想象的。然而，假设的情境，都能呼应真实的生活经验，而且有助于思维和判断。因此，如果假设的情形，和真实的生活经验相去太远，即使有趣，却未必有用。譬如，"假设"未来科技进展，可以由基因判断人的犯罪倾向，对于很可能犯重罪的人，是不是该采取预防性的隔离或监禁？这个情境，也许未来会出现，但是现在却不值得未雨绸缪——因为和生活经验相去太远，无从揣测，也和目前的公共政策无关。显然，假设性思维，也有好坏高下之分。

政治人物和影剧明星，不回答假设性问题，是因为问题无聊无趣，还是和真实世界相去太远，还是怕伤害了真实世界里的事业前途？

有形和无形的规则

我曾受邀到一个训练中心，为一个短期的集训班讲两个小时的"思考方法"。我事先选了自己写的十篇短文，请学员们看，然后在上课时逐篇讨论。我认为这么做要比由我一个人凭空高论有效得多。

十篇文章里第一篇的篇名是"买路钱的联想"：台北市为整顿交通，在有些快车道两旁列出"行人穿越快车道罚锾360元或接受两小时交通秩序讲习"的告示。我在文章里指出，过去穿越快车道的价格是"零"，交通秩序的维护是依赖行人在道德上的自我约束；现在穿越快车道的价格是360元，每个人除了面对道德上的束缚之外，还有价格上的约束。我请学员们表达意见，其中一位年轻人站起来以几乎是义愤填膺、正义凛然的语气说：这篇文章的作者是非不明（他没有注意到文章的作者和站在前面上课的是同一人），"道德"和"法律"根本是全然不同的两回事，怎么可以相提并论！

我当然不是第一次碰上这种场面，所以我心平气和地谢谢他的意见。不过，我说：暂且不管道德和法律是不是真的相去万里，但即使道德确实比较崇高，值得我们思索的问题是："道德到底是什么？""道德的作用或功能是什么？""哪些条件会影响道德的内涵？"

　　学员们一片肃然，好像没想到这门"思考方法"的课会和"道德的实质内涵"扯上关系。事实上，在我的脑海里，也犹豫要不要追根究底……道德，其实可以看成是在行为举止上自我约束的一种"规则"，而"规则"的内涵可以由最简单的情形开始考虑。在一个人自处的世界里，他（她）可能会为自己设下一些要遵守的"规则"。譬如：不熬夜、不说谎话（或不说实话）、不吃甜食、不在下雨的时候出门，等等。这些规则一旦成为自己内在的规范，就具有"道德"的内涵，当自己逾越这些规范时，心里会有犯错的憾恨或自我谴责的罪恶感。同样的，夫妻生活在一起也会发展出一些类似的"规则"。譬如：赚的钱放在一起后平分、太太做饭先生洗碗（或相反）、吵架不能超过一个星期，等等。两个人会慢慢地摸清楚，只要两个人都遵守这些规则，那么两个人的日子都能过得愉快一些。因此，不论是一个人自己订下的还是两个人琢磨出的规则，这些规则或紧或松，都是在规范行为，差别只是在于"自己的"规则和"两人之间的"规章。

　　人多的时候情形当然复杂得多，因为共同面对的问题要多得多。人多的时候一方面要解决交通的问题（路由哪里过、公路还是铁路）、治安的问题、环保的问题、教育的问题，等等。另一方面，人多的时候人与人之间交往所发生摩擦冲突的机会也逐渐增加。（餐厅里人少时讲话要多大声都可以，人多时就不行；只有在等车的人多的时候才有排队和礼让的问题。）所以，为了处理这些问题，就会自然而然地发展出一些有形和无形的规则：有形的（外在的）规则就是"法律"，无形的（内在的）规则就是"道德"。

然而，无论是有形的法律还是无形的道德，都是一种"规则"，因此，也就具有所有"规则"的性质：规则是人定的，所以不是"绝对的"，是可以调整的。而且，规则本身绝不是"目的"，而只是为了实现某种目的所设计出来的"手段"。也就是说，道德和法律这些"规则"只是一种"工具性"的安排，会随着时空条件的改变而主动或被动地调整。

对于那位学员的质疑，我终究没有追根究底，而只是点到为止。这倒不是怕在言辞上伤害那位朋友，而纯粹是为了时效上的考虑——这是我为自己定下的"规则"……

程序问题和实质问题

程序问题和实质问题，听起来抽象难懂，其实贴近人生，而且几乎无所不在。

小犬上幼儿园时，受蒙特梭利式教法熏陶，老师们以游戏来启发，寓教于乐，他毕业时已经学会长除法——十五位数除十二位数，等等。当他进小学读一年级，算术教简单的加减乘除，他当然不耐烦。他抱怨算术课非常无聊，我心平气和地告诉他：如果老师教的你都会，就无须注意内容，试着去看老师"怎么教"这些内容！

升上五年级，换了一位班主任老师。开学第一天，放学回家之后就大声叫嚷：老师好凶！拿着棍子挥舞，高声斥责，吓得小朋友们直打哆嗦。我不动声色地提醒他：注意观察，老师是真凶还是假凶？！从此，再也没听他抱怨。而这位装腔作势、深谙教学之道的老师，事实上是位资深的优秀老师。后来，小犬一直和她保持联系，他考上大学，还向老师报告请安！

这两段陈年往事，儿子未必记得。而且，即使记得，未必能体会两者背后的共同性。虽然两件事情表面上风马牛不相干，本质上其实是一样的——我希望点明，不要只注意"实质"，同时要注意"程序"！

实质和程序的差别，最好用法律来阐明：法律可以分为实质法和程序法，而这两者所追求的分别是实质正义（substantive justice）和程序正义（procedural justice）。刘邦率兵入咸阳，和民众约法三章："杀人者，死；伤人及盗，抵罪！"这是非常明确的实体法，希望得到实质正义。然而，程序部分却完全付诸阙如——譬如，如何决定谁杀了人，杀人是意外还是故意，还是正当防卫，等等，在所不计。当然，战祸过后，社会初定，人心思静，需要的就是实质正义，程序正义不是主要考虑。

进一步斟酌，战乱过后人员物资条件都匮乏，所能追求的只是粗糙原始的正义（raw justice）。社会安定之后，资源逐渐充裕，就可以追求较细腻的正义。由此可见，程序正义是奢侈品，当社会丰饶时才有条件享受。而且，程序正义本身，也有许多不同的刻度。愈精致繁复的程序，通常愈能实现实质的正义，而耗费的资源也自然较为可观。因此，所得水平愈高的社会，司法程序通常愈完备，民众的权利也受到更周密完善的保障！

法律在程序和实质上的差别，也可以用来解释其他的领域。对一个社会而言，公共事务的处理也涉及程序和实质这两部分。地铁系统经常出状况，是实质问题；台风过后泥石流造成伤亡，也是实质问题。如何处理这些考验，涉及指挥体系和应变措施，则是程序问题。一个成熟上轨道的社会，是已经发展出一套好的程序，能有效地处理实质问题的社会。特别是，稳健扎实的程序，能在事后检讨调整，使程序愈趋成熟有效。

同样的，对每一个个人而言，生活里不知要面对多少抉择。绝大多数的人，似乎也都能兵来将挡，水来土掩。因此，面对实质问题，总是有办法应付。可是，稍稍省思就可以发觉，很少很少的人曾经察觉到，自己是怎么思索考虑的。也就是，自己的思维过程是如何？面对大大小小的"实质问题"时，自己的"处理程序"是如何？大部分人是跟着感觉走，或者依恃风俗习惯，根据经验方程式来处理。自然而然，一旦面对思维模式或思考方程式的质疑，往往无言以对。

其实，无论对社会还是对个人而言，思维方式（程序问题）一直受到忽略。当社会愈成熟时，法律上会愈重视程序正义。同样的，当社会愈成熟时，也可以开始注意其他领域里的"程序问题"！

好事变坏事

"到地狱之路，往往是由善意所铺成。"这是哈耶克的名言。不过，一般人的生活经验里，很难想象地狱的模样。哈耶克的警语，缓和一点的说法，就是"好事常常变坏事"。这种情形，倒是所在多有，每个人都可以娓娓道来自己的故事。

在加拿大发生的一件纠纷，情节曲折，过程有趣。而且，由这桩好事变坏事里，还可以萃取不少人生智慧。

一切的一切，要从一个小女孩的好奇心开始。玛丽露（Marilou）是个十岁的小女孩，在魁北克的圣杰罗姆读小学。她走过学校的穿堂时，发现垃圾箱上有个咖啡杯，上面有蒂姆·霍顿斯（Tim Hortons）公司的商标。小女孩想到，这家公司正在举行赠奖活动——只要卷起咖啡杯的杯缘，就可以发现自己得到什么奖品（roll up the rim to win）。而垃圾箱上的这个咖啡杯，杯缘还完好如初。

小女孩一时兴起，捡起咖啡杯，希望卷起杯缘。可惜，杯缘封得很紧，小女孩的手使不上力。刚好，一个年龄稍大的小女孩走过，是玛丽露的朋友。玛丽露请朋友帮忙，大女孩一使劲儿，把杯缘卷开，露出底下的字样——一部休闲旅游车！这是赠奖活动的头彩，价值加币 28700 元。

学校的行政人员知道之后，通知两个小女孩的家长。先赶到学校的，是玛丽露的爸爸，另一个女孩的爸爸，也随后赶到。大家都很兴奋，决定要分享这个天上掉下来的礼物，大家也讲好，两家将轮流用这部车，一家一星期。而且，两家还要一起开车，去迪士尼乐园玩。

两个爸爸一起去蒂姆·霍顿斯公司，准备领取头彩。然而，只有一张领奖的表格，也就是只有一个人可以领奖。好事变坏事的转折，于焉出现。不知不觉间，两个大男生起了争执。一气之下，玛丽露的爸爸宣称：将独享这个头彩，不理会另外那家人！

大女孩的家人觉得受了委屈，好心没好报。女孩的妈妈打电话向地方电台求助：能不能找律师帮忙，保障自己女儿应得的权益？经过辗转报道，这则新闻传遍全世界。当然，这个故事还需要一点插曲，才更显得大千世界的奥妙——学校里的一位男老师出面，声称他才是头彩的得主。因为，只有他常买蒂姆·霍顿斯的咖啡，全校师生皆知！

大女孩的妈妈接受媒体采访时表示：他们的不平之鸣，并不是为了自己，他们觉得自己的女儿帮了忙，该得到一份。另一方面，玛丽露的爸爸有杯在手，有恃无恐，他表示：

谁找到，谁得到（the finder, the keeper），天经地义！

在我读到这则新闻时，双方家庭还没有决定，是不是要循司法途径，法庭相见。不过，如果真的走上这一步，好事变丑事（the happy find turned ugly），法官该怎么处理才好呢？最简单的，当然是男老师的部分。自己把咖啡杯随手一丢，等于是自己放弃了机会。他随手丢掉的，不是一部休旅车，而是一个不起眼的咖啡杯。他声称自己才是得主，有戏剧效果，但是不应该，也不会有法律效果。

其次，是两个小女孩之间的曲折。在大陆法系的国家里，一切以成文法为依归。根据成文法，十岁和十二岁的小女孩，都是未成年人，没有行为能力。他们的行为，没有法律效果，而是由他们的法定代理人负责。然而，在这个例子里，两个未成年的小女孩愿意有福同享，两个成年大男生却恶言相向。以成年人的举止为依归，不但奇怪，而且模糊了焦点。

小女孩之间的曲折，其实并不复杂。关于奖惩和赏罚，可以针对彼此的贡献来思索。部落社会里，一群人上山狩猎。一人先射中野猪，野猪负伤而逃，其他人相继出手，最后终于有人一箭撂倒猎物。可是，最后出箭的人，显然不能独享野猪，因为其他人也有贡献。同样的道理，过去以小艇人工射镖捕鲸鱼，也发展出类似的做法。最先投出镖射中鲸鱼的小艇，最后一定能分到某个比例。

两个小女孩之间，谁的贡献较大呢？比较之下，当然是玛丽露居首功，如果没有她的好奇心，不会有后来的发现。虽然是大女孩卷出了头彩，可是她的贡献要小得多。她的贡献，只是举手之劳，帮朋友一点小忙而已。如果没有她，还是会有其他的小朋友路过，出手相助。因此，就贡献的大小而言，玛丽露无疑居首功，大女孩出手相助，应该得到报偿，但是在比例上，绝对不是一比一。

当然，从这个好事变坏事的例子里，还能萃取出一些抽象的原理原则。如果情境稍微调整一下：玛丽露请大女孩帮忙，大女孩努力了一阵，还是卷不开。这时玛丽露要赶着上课，就抛出一句：我先走一步，不论中了什么奖，都送给你好了。当她说完这句话，正要转身走开时，大女孩卷开了杯缘，中了休旅车，怎么办？或者，原先那位男老师，福至心灵地想起赠奖活动，也想起了他的咖啡杯，当他回过头来找这个杯子时，两个小女孩也正卷起了杯缘，正在雀跃欢呼，怎么办？

类似的情境，是巧合中的巧合，有益智上的兴味，但是对法学思维的帮助不大。因为，司法体系所处理的，通常能和一般人的生活经验联结。人们以生活经验里的因果关系、利弊得失，思索如何处理所面对的问题。太过于光怪陆离的情节，正常的生活经验碰不上，自然也就不会衍生出对应的思维判断。这种体会，其实正呼应了美国著名大法官荷姆斯的名言：法律的精髓，不在于逻辑，而在于经验（The life of the law has not been logic, it has been experience）。过于奇怪偶然的事，等到真的出现了，再说！

对于小麻烦，西谚云：茶壶里的风暴；对于咖啡杯引发的纠纷，《论语》说：虽小道，必有可观者也！

司法女神的身影

在宣布之前，美国政界和司法界早有传闻：最高法院首席大法官威廉·伦奎斯特（William Rehnquist），因为久病缠身，体力日衰，即将辞职。终于，2005 年 7 月 1 日，时任总统布什收到大法官的辞职信，只有三行，简明扼要。不过，递出辞呈的，不是伦奎斯特，而是桑德拉·奥康纳（Sandra O'Connor）。以她的行事风格，辞职令人意外，又不令人意外！她的风格，和她的成长背景关系密切。

关键一票

她是长女，出生在亚利桑那州的一处农场。农场面积辽阔，方圆近 600 平方公里。最近的邻居在 20 公里之外，最近的城镇在 60 公里之外。农场上没有电，也没有自来水。她在马背上长大，在炙热的烈日下驰骋，自己动手补栅栏、修水沟、换轮胎。她曾自言，在这种环境下长大，可不是

"娘们（sissies）"。

在斯坦福大学读法学院时，她和伦奎斯特同班，两人还曾经约会过。他和她成绩都很出色，毕业时分别是全班第一名和第三名。而后，经过结婚、生子、育幼，她再重新踏入职场，担任助理检察官。她事业的转折点，是1969年。当年，亚利桑那州的州参议会有一位议员出缺，州长依法指定她继任。而后，她两度竞选，都连任成功。同时，她也成为州参议会多数党（共和党）的领袖，为女性开风气之先。1981年，以51岁的英年，接受里根总统提名，成为美国历史上第一位女性大法官。

24年来，在最高法院里，她成为举足轻重、引领风骚的人物。很多人认为，她是大法官会议的中心，也是全美国最有权力的女性。重要原因之一，是她微微保守，但又不偏离中间的立场。因此，当大法官里保守和自由的两边势均力敌形成四比四的僵局时，她刚好投下关键的一票。她往保守这边靠，保守的阵营就占上风；她往自由这边挪，自由的阵营就是多数。因此，有人批评，她没有明确的立场，左右摇摆，甚至是犹豫不决。不过，接近她的人都一再表示，即使她个性上有弱点，犹豫不决可不是其中之一。她的座椅上，有一个手织的椅垫，上面绣着："宁错勿疑。"（May be in error but never in doubt.）

她对于释宪案的立场，勉强可以归纳出两点特色：针对事实、狭隘解释（narrow and fact-based）。针对事实，是就事论事，避免被任何意识形态所羁绊。狭隘解释，是只针对眼前的案件论断，保持弹性，将来有较大的取舍空间。此外，因为自己担任过州议员，她倾向联邦主义，认为应尽量保留各州的自主权，反对联邦政府扩权。因此，她经常和同僚联手，裁定国会通过的法律违宪。美国立宪之后两百年里，最高法院只认定127项联邦法律违宪（每年平均0.6件）；在1995年到2000年的六年里，最高法院却宣布28项联邦法律违宪（平均每年4.6件）。

然而，她尊重各州自主的立场，却似乎是选择性的正义。最大的争议，就是2000年总统大选。当时佛罗里达州的选务发生争议，州最高法院判定要重新计票。她和另外四位大法官，却否决州最高法院的判决，裁定计票停止，布什在争议下当选。事后，盖洛普民意调查发现：对最高法院的评价，共和党人的支持度，由60%上升为80%；民主党人的支持度，则由70%下降为42%。这个判决影响深远，余波可能要荡漾数十年。

因此，质疑她的人振振有词：她不相信联邦政府，也不相信州政府（州最高法院），更不相信国会（总统选举悬而未决时，依宪法最后将由国会投票决定）。因此，她相信的，只有最高法院，而最高法院，又是以她为中心——由她来决定宪政事项，凌驾联邦政府、国会、各州，还有一般人民。委婉的批评，是法官过于活跃（judicial activism）；率直的批评，是法官自我膨胀（judicial ruthlessness）。

对她的批评，还不止于此。在很多弱势和少数族群者（黑人、女性、亚非裔等）的心目中，她是先驱者、是典范、是标杆。然而，她的言行，却往往令他们失望。1992年，她应邀回母校斯坦福，对法学院新生演讲。她就事论事，不带情感，最后甚至提到：身为大法官，她觉得最令人困扰的事，是常在三更半夜接到电话，有人为将执行的死刑犯求情。由这段话里，可听不出半点对弱势族群的关怀。

不亮底牌

然而，追根究底，一位大法官的功过，主要还是以释宪案为中心。她的立场——针对事实、狭隘解释——缺失之一，是只能解决手上的问题。因为没有标出明确的原则，而且没有一般性，所以下级法院无从遵循、法学界无所措手足。下次碰到类似的案件、官司可能又要一路打到最高法院。而在最高法院里，大家又要看她的脸色，揣摩她的心思，希望能迎合她、取悦她。在这一回合又一回合的宪法牌戏里，她似乎总是不亮底牌，也总是等到最后才出手，而且常是选了占上风的那一方。

不过，对于她的立场，也可以有不同的描述："没有原则，本身就是原则。"这是一种；另外一种，就是"务实、贴近民意、契合社会主流"。当最高法院分成左右两个阵营时，需要有人调和鼎鼐，执两用中。而且，美国社会的主流意识，也就是大多数中产阶级的意见，往往就是不走极端、就事论事。因此，她一路走来的取舍，等于是反映了美国中产阶级的好恶，不走极端、不死抱意识形态。

司法女神的雕像，总有一抹布条，遮去双眼。这是期许司法女神主持正义时，只问是非、不究其余。就她这位司法女神而言，似乎自始至终，有意地拿下眼上的布条。明察秋毫，瞻前顾后，再选定立场。那么，戴上遮眼布一定比较好吗？或者，拿下遮眼布一定比较坏吗？这个问题，最好去问其他的司法女神。

桑德拉·奥康纳，美国第一位女性大法官，任期1981年至2005年。

由阳关道和独木桥开始?

"法律经济学",是 1960 年奠基而开始发展的新领域,利用经济分析的架构,探讨法学问题。几十年来,这个新兴领域已经卓然有成,对法学和经济学这两个学科,都产生深远的影响。到 2005 年为止,"法律经济学"的专业期刊,已经有十种以上,而且还持续增加。法律经济学学会的组织,也已经超越欧美两大洲,而在其他的土壤里落地生根。以欣欣向荣来形容这个领域,并不为过。

然而,即使如此,法律学者和经济学者之间依然有许多隔阂。他们之间的对话,往往没有交集——各自由不同的出发点开始,遵循不同的轨迹,得到不同的结论。原因之一,是这两个学科都有悠久尊贵的传统,学者们以他们所熟悉、代代相传的语言,由各自的角度处理问题,而得到自成体系的体会。

因此,要化解两个阵营之间的误解,增进彼此的了解,进而通过交流,享受合则两利(mutual gains from trade)的果实，显然值得探讨两者之间的歧异，设法搭起桥梁，联结彼此。思索法律学者和经济学者论述（讲故事）的方式，是一个可行的方向。

"其他条件"看法不同

经济学者常用的分析方法之一，是"部分均衡分析"（partial equilibrium analysis）。观念上，社会现象纠缠难解，不容易掌握全貌。因此，分析时，先从局部下手，希望由不同的角度摸索，再拼凑出大象的全貌。或者，不容易描绘出三度空间的人像，先由平面图着手。

既然要由局部着手，显然要先略去一些考虑，把焦点集中在某些特定的环节上。略去其余，就是经济学者朗朗上口的"其他条件不变"。对于经济学者而言，论述时自己很清楚哪些是重点，哪些又被有意地抹去不论。然而，对法律学者而言，他们质疑经济学者的论述，往往就以"其他条件"为重心——两派学者论战时各说各话，有以致之。

譬如，法律经济学掌门人之一波斯纳法官，曾提出"财富极大（wealth maximization）"的论点：法官判案时，由公平正义角度着眼，可能不容易着力；由增进社会财富的角度，有时反而明确具体——以标售（auction），而不是行政审查的方式分配无线电波，是明显的例子。然而，法律学者却大力抨击，社会的原赋（endowments）可能分配得很不合理。法律的功能之一，就是要调整人与人之间的关系，而财富断然不是关键所在。他们认为，以权利（rights）为出发点，更足以突显问题的性质。

在法学阵营里，罗纳德·德沃金（Ronald Dworkin）就曾经高举法哲学的大纛，批判波斯纳的立场。他举的例子简明扼要：甲拥有一个对象，对他来说值2美元，可是对乙来说值3美元。由财富极大的观点，最好让乙拥有这个对象。可是，如果甲乙之间的协商成本很高，超过1美元，那么这个对象不会转手，而会留在甲的手里。德沃金质疑，根据波斯纳财富极大的论点，如果有一全知全能者，难道就可以采取强制手段，把这个对象由甲手中移到乙手中，以增进社会财富吗？

德沃金的质疑，当然有一得之愚。可是，他对波斯纳的批评，以及他本身的立论，都值得作进一步的解析。

论述模式各说各话

波斯纳财富极大的论点，是不折不扣的部分均衡分析。在某些特定的条件之下，可以把注意的焦点放在财富上。不同的法律，好比不同的游戏规则，最好能选择较好的游戏规则，使社会的资源愈来愈多。另一方面，德沃金的论述，其实也是部分均衡分析。他以一个特别的例子，质疑波斯纳的立场——在其他条件不变的前提之下，强制性地移转资源，以增加财富，难道对吗？

虽然他们都运用部分均衡分析，却呈现截然不同的论点，也得到迥然不同的结论。其实，这正是法律学者和经济学者论述时，各说各话的曲折所在。对经济学者而言，以强制力由甲手中拿走对象，再交给乙，看起来似乎会增加社会财富，可是这种做法，直接冲击私有财产权。如果财产权的结构不稳定，甲和社会上其他人（包括乙）不会有诱因努力工作，以追求自己的财富。长远来看，社会的财富不但不会增加，反而会逐渐减少。因此，德沃金对波斯纳的批评，看似一针见血、直指鹄的，其实是对空挥拳、擦身而过——因为波斯纳所采取的部分均衡分析，隐含财产权结构不受影响。一旦扩充部分均衡分析的范围，自然会考虑游戏规则长远的影响，德沃金所考虑的情形，也自然会被排除在外。

焦点转至"分析方法"

波斯纳和德沃金，都采取部分均衡分析。可是，涵盖的范围不同，结果两人都表达了意见，却没有交集。由这个具体的例子也可以看出，经济学者和法律学者分析问题时，确实有明显的差异，他们之间对话时，往往徒然耗费彼此的心力时间，却没有建设性的成果。

要化解两种论述方式之间的分歧，有很多种方法。其中之一，是不针对实质问题论对，而把焦点转移到"分析方法"上。也就是，对经济学者而言，可以试着了解法律学者如何论述；相对的，对法律学者而言，也可以试着了解经济学者如何论述。这种转折，事实上正呼应法学思维的重点之一：追求实质正义，是最终的目标，但是，唯有通过程序正义，才能达到实质正义。同样的道理，经济学者和法律学者，值得先在分析的"方法"上，也就是"程序"上，切磋论对，彼此了解。换言之，先不要在乎彼此所讲故事的内容如何，先试着体会对方如何说故事！

法律经济学，是以经济学的架构研究法学问题。如果经济学者"讲故事"时，能用法律学者所了解和接受的"语言"，法律经济学的发展可望更为蓬勃，成果也当会更为璀璨！

熊秉元的法律经济学

《正义的成本：当法律遇上经济学》

《解释的工具：生活中的经济学原理》

《优雅的理性：用经济学的眼光看世界》

《正义的效益：一场法学与经济学的思辨之旅》

《效益的源泉：捕捉生活中的经济学身影》

《法的经济解释：法律人的倚天屠龙》

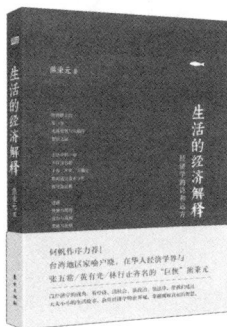

《生活的经济解释：经济学的诗和远方》

亲爱的读者朋友们：

东方出版社秉承"新思想、新知识、新生活"的理念，致力于国内外优秀的经济、管理、文艺、少儿、生活、历史、学术、教育等人文社科类图书的出版，每年出版的图书品类达千余种。

为答谢读者朋友们长期以来的厚爱，特推出系列优惠馈赠图书活动。只要您通过微信关注"东方出版社"（微信公众号：dfcbs2011）并自付邮费，就有机会获取百本免费区或百本三折区里的任意一本图书。每月两次我们将从热心读者中抽取100名幸运朋友，更为优惠的活动信息详见微信公众号。

感谢您的支持，汲取知识与力量，我们将与您一路同行！

（活动具体信息及时间详见微信公众号）
若有任何咨询和疑问，敬请联系读者服务部：010 - 85924616

策 划 人：吴玉萍
产品经理：王　端
责任编辑：许剑秋　王　端
责任审读：刘淑芹
统　　筹：吴玉萍
封面设计：关红丽
责任营销：高玉梅 (010) 64021138
投稿信箱：dfyxpress@126.com

东人书院

为思想寻找市场，为读者提供有价值的阅读

微信公共平台：东人书院
豆瓣小站：东方知行社
微博、博客热搜：东人书院

图书在版编目（CIP）数据

生活的经济解释：经济学的诗和远方 / 熊秉元 著. — 北京：东方出版社，2017.3

ISBN 978-7-5060-9546-4

Ⅰ.①生… Ⅱ.①熊… Ⅲ.①经济学—通俗读物 Ⅳ.①F0-49

中国版本图书馆CIP数据核字（2017）第046254号

生活的经济解释：经济学的诗和远方

（SHENGHUO DE JINGJI JIESHI: JINGJIXUE DE SHI HE YUANFANG）

作　　者：熊秉元

责任编辑：许剑秋　王　端

出　　版：东方出版社

发　　行：人民东方出版传媒有限公司

地　　址：北京市东城区东四十条113号

邮　　编：100007

印　　刷：北京汇瑞嘉合文化发展有限公司

版　　次：2017年5月第1版

印　　次：2018年4月第3次印刷

印　　数：15 001-23 000册

开　　本：880毫米×1230毫米　1/32

印　　张：9.5

字　　数：121千字

书　　号：ISBN 978-7-5060-9546-4

定　　价：45.00元

发行电话：（010）85924663　85924644　85924641